Das „Linzer Modell" für ein Bedingungsloses Grundeinkommen

Überlegungen zum Grundeinkommen

Band 3

Paul J. Ettl, MBA
www.ettl.at

Impressum

Herausgegeben von der

Friedensakademie Linz
www.friedensakademie.at

ZVR 455186567

und dem

Verein zur Förderung der Grundeinkommensidee
www.das-grundeinkommen.org

ZVR 1227259269

Bibliografische Information der Deutschen Nationalbibliothek: Die Deutsche Nationalbibliothek verzeichnet diese Publikation in der Deutschen Nationalbibliografie; detaillierte bibliografische Daten sind im Internet über http://dnb.dnb.de abrufbar.

Herstellung und Verlag: BoD – Books on Demand, Norderstedt

Korrektorat: Gertraud Endl
Coverfoto: Hauptplatz in Linz, von Herbert r,
https://commons.wikimedia.org/wiki/File:Linz_Hauptplatz_0517C2.JPG

ISBN: 978-3-7543-0012-1

9 783754 300121

INHALT

VORWORT

Prof. Dr. Friedrich Schneider
Johannes-Kepler-universität Linz
Linz, Juni 2021

Paul Ettl, ein unermüdlicher und sehr aktiver Befürworter für ein bedingungsloses Grundeinkommen (BGE), hat seine Gedanken über und seine Aktivitäten für ein BGE in verständlicher Form und mit vielen konkreten Berechnungen über die Finanzierung, als auch eine konkrete Einführung in diesem Buch dargelegt.

Sein Vorschlag ist eine radikale Alternative zum bestehenden System der sozialen Sicherung. Er macht ihn nicht nur, weil er von dieser aus seiner Sicht viel besseren Alternative überzeugt ist, sondern weil die derzeit existierenden sozialen Sicherungssysteme in die Krise geraten sind: Bei immer noch steigender Lebenserwartung, einer alternden Bevölkerung und sinkendem Anteil der Erwerbsbevölkerung wird die Finanzierung dieser Sicherungs-Systeme immer schwieriger. Zusätzlich gibt es die Probleme bzw. Fragen, wer ab wieviel Jahren und in welchem Ausmaß anspruchsberechtigt ist, wie mit der zunehmenden Mobilität des Faktors Arbeit zurechtgekommen wird und wie Zugezogene in dieser Hinsicht behandelt werden. Aus diesen Gründen wird es immer notwendiger, über andere Modelle zur (Grund-)Sicherung nachzudenken. In Paul Ettls Buch wird daher der Versuch gemacht, einen Vorschlag für ein bedingungsloses

Grundeinkommen zu unterbreiten, das die oben genannten Schwierigkeiten zu überwinden versucht. Sein BGE Modell ist mittlerweile in der öffentlichen Diskussion angekommen – insbesondere, wenn es um die Herausforderungen der Zukunft und dem damit einhergehenden Reformbedarf des Sozialstaates geht. Eine bedingungslose und regelmäßig zu gewährende individuelle staatliche Transferleistung stellt daher eine radikale, aber auch für viele eine attraktive Alternative dar.

Das BGE wird seit circa 20 Jahren auch in der Wissenschaft intensiv und sehr kontrovers diskutiert. Die wissenschaftliche Diskussion zeigt, wie schwierig es ist, die Vor- und Nachteile, aber auch die Einführung und die damit verbundene Umstellung unserer Wirtschaft und vieler staatlicher Institutionen ausgewogen zu analysieren. Viele Probleme, wie beispielsweise eine faire Aufteilung der Finanzierungslasten, oder die Problematik des Zuzuges, bzw. wer hat wann Anspruch auf ein BGE (z.B. nur österr. Staatsbürger, EU-Bürger oder alle?), oder wie wird bei einem Alleingang von Österreich „border-shopping“ verhindert, oder gibt es inflationäre Tendenzen, müssen weiter wissenschaftlich bearbeitet werden. Das BGE als Reformansatz des Sozialstaates ist jedoch mittlerweile in der wissenschaftlichen Diskussion fest verankert und viele offene Fragen werden einer Lösung nähergeführt. Aus meiner Sicht ist daher die Einführung eines BGE keine Utopie mehr, sondern wird immer mehr zu einer realistischen Alternative. Genau dies gelingt Paul Ettl mit diesem Buch. Wenn es anregt, über das BGE nachzudenken und darüber zu diskutieren, wovon ich überzeugt bin, hat es seinen Zweck erfüllt.

EINLEITUNG

Paul J. Ettl, MBA

Das Linzer Modell entstand im Frühjahr 2020 im Rahmen einer Klausur des erweiterten Vorstandes des Vereins „Das Grundeinkommen“ (Verein zu Förderung der Grundeinkommensidee) und wurde im Juli 2020 erstmals veröffentlicht. Eine Basis dafür bildete u.a. die Broschüre „Grundeinkommen für ALLE? Auch für mich?“ (erschienen im März 2020 im BoD-Verlag), in der ich Berechnungen dargestellt habe, wer wieviel Grundeinkommen bekommen und was das dem Staat kosten würde.

Ansätze für die Finanzierung dieser Kosten waren in der Broschüre bereits enthalten, werden in dieser Broschüre (Kapitel 8 - 12) aber zusammenfassend und vervollständigt wieder vorgestellt.

Aber das *Linzer Modell* ist nicht nur ein Modell zur Finanzierung eines Grundeinkommens. Im *Linzer Modell* werden auch andere Fragen angeschnitten, die bei der Einführung eines BGE zu bedenken sind, angefangen von der Frage der Bezugsberechtigten, über die Höhe des BGE, Auswirkungen auf Arbeitslosenversicherung und Pensionen, sowie mögliche Schritte zur Einführung.

Nicht alle diese Fragen werden dabei beantwortet. Wichtig ist, den Anstoß zu einer Diskussion darüber zu geben.

Bei der Entstehung dieser Broschüre mit dem Titel „Das Linzer Modell für ein Bedingungsloses Grundeinkommen“ haben Vorstandsmitglieder unseres Vereins mitgewirkt. Daher bedanke ich mich für die Mitwirkung bei

- Sonja Bruckner, MSc
- Beppo Hanner
- Dr. Harald Keck
- Roswitha Minardi, MBA
- Dr. Guido Rüthemann
- Mag. Johann Weiss

GRUNDPRINZIPIEN EINES BEDINGUNGSLOSEN GRUNDEINKOMMENS (BGE)

Definition:

Ein Grundeinkommen ist eine bedingungslose finanzielle Zuwendung, die jedem Mitglied der Gesellschaft in existenzsichernder Höhe, ohne Rücksicht auf sonstige Einkommen, auf Arbeit oder Lebensweise, lebenslänglich als Rechtsanspruch zusteht.

Grundeinkommen ist

- **allgemein**: alle BewohnerInnen des betreffenden Landes müssen tatsächlich in den Genuss dieser Leistung kommen;
- **existenzsichernd**: die zur Verfügung gestellte Summe soll ein bescheidenes, aber dem Standard der Gesellschaft entsprechendes Leben, die Teilhabe an allem, was in dieser Gesellschaft zu einem normalen Leben gehört, ermöglichen;
- **personenbezogen**: jede Frau, jeder Mann, jedes Kind hat ein Recht auf Grundeinkommen. Nur so können Kontrollen im persönlichen Bereich vermieden werden und die Freiheit persönlicher Entscheidungen gewahrt bleiben;
- **bedingungslos** soll das von uns geforderte Grundeinkommen deshalb sein, weil wir in einem Grundeinkommen ein BürgerInnenrecht sehen, das nicht von Bedingungen (Arbeitszwang, Verpflichtung zu gemeinnütziger Tätigkeit, geschlechterrollenkonformem Verhalten etc.) abhängig gemacht werden kann.

Das Bedingungslose Grundeinkommen ist aus unserer Sicht ein emanzipatorisches Grundeinkommen, weil das Ziel ein Zugewinn an Freiheit oder Gleichheit sein soll und die Verringerung von seelischer und ökonomischer Abhängigkeit.

Ein Bedingungsloses Grundeinkommen ist daher:

- **arbeitsunabhängig**: mit Grundeinkommen ist weder eine Kontrolle unbezahlter Arbeit, noch eine Verpflichtung zur Erwerbsarbeit verbunden. Die ethische Verpflichtung zu sinnvoller Tätigkeit ist damit nicht aufgehoben, gleichzeitig soll deutlich werden, dass Arbeit nicht einfach mit Erwerbstätigkeit gleichgesetzt werden kann;
- **ohne Armutsfalle**: Leistung drückt sich keineswegs nur in Geldeinkommen aus. Trotzdem soll ein Grundeinkommen so gestaltet sein, dass jedes zusätzliche Einkommen das verfügbare Einkommen erhöht;
- **demokratisch**: die Inanspruchnahme von Grundeinkommen darf nicht diskriminierend sein, deshalb müssen es alle Mitglieder der Gesellschaft bekommen.

Sollte in diesem Büchlein (so wie in der obigen Definition) einmal nur vom „Grundeinkommen" die Rede sein, so ist immer das „Bedingungslose Grundeinkommen" gemeint (BGE).

Ich betone das deshalb, weil ich vor einiger Zeit die Facebook-Gruppe „Bedingungsloses Grundeinkommen" auf „Das Grundeinkommen" umbenannt habe und mir dann der Vorwurf gemacht wurde, warum ich denn nun die Bedingungslosigkeit fallen lasse.

Ich habe darauf geantwortet – und das ist auch hier der Fall – dass das Grundeinkommen, wie wir es verstehen, eben die oben genannten VIER Merkmale haben soll. Daher müsste man eigentlich nicht nur von einem „Bedingungslosen Grundeinkommen“ (kurz: BGE), sondern von einem „Allgemeinen, existenzsichernden, personenbezogenen, bedingungslosen Grundeinkommen“ sprechen, da alle VIER Merkmale wichtig sind.

Es hat sich aber eingebürgert, von „Bedingungslosem Grundeinkommen“ oder verkürzt von „Grundeinkommen“ zu sprechen. Sollten andere Formen gemeint sein (Partielles Grundeinkommen, Zirkulares Grundeinkommen, Solidarisches Grundeinkommen, etc.) müsste das dann speziell formuliert werden.

In diesem Sinne sind auch Modellversuche (wie in Finnland, in Heidenreichstein etc.) oder die „Grundeinkommens-Verlosungen“ von www.mein-grundeinkommen.de oder www.ubi4all.eu keine echten Grundeinkommen, da sie zeitlich begrenzt, nicht allgemein und meistens nicht hoch genug sind.

DAS „LINZER MODELL“

In einer Klausur des „Vereins zur Förderung der Grundeinkommensidee – www.das-grundeinkommen.org“ im Sommer 2020 wurde der Grundstein für das „Linzer Modell“ entwickelt.

Mit dem „Linzer Modell“ werden folgende Ziele verfolgt:

1. Es wird ein Vorschlag zur Einführung des Bedingungslosen Grundeinkommen (kurz BGE) in Österreich unterbreitet,

   - welcher sich im Rahmen einer (einfachen) Steuerreform umsetzen lässt und
   - der budgetseitig im Großen und Ganzen kostenneutral ist. Die entsprechenden Berechnungen hat Paul J. Ettl in Band 1 vorgelegt, dessen knappe Zusammenfassung findet sich in den Kapiteln 8 bis 12.

2. Mit diesem niederschwelligen Vorschlag zur Einführung eines Grundeinkommens in Österreich will das „Linzer Modell“ all jenen (weitverbreiteten) Ängsten und Argumenten entgegentreten, die sich der Einführung eines BGE einfach deswegen entgegenstellen, weil dieses unfinanzierbar, eben eine rein utopische Vorstellung sei. Beides trifft genau nicht zu.

3. Natürlich stellen sich mit der Einführung des Grundeinkommens auch viele Detailfragen. Im Rahmen des „Linzer Modells“ wurden diese in einem knappen Positionspapier in 12 Punkten zusammengestellt. Vor dem Hintergrund des Vorschlags einer kostenneutralen Möglichkeit der Ein-

führung des BGE lassen sich diese völlig unaufgeregt analysieren. Unmittelbar folgend an die Wiedergabe des entsprechenden Positionspapiers werden diese dann etwas genauer argumentiert.

4. Jenseits und unabhängig von den Finanzierungsfragen sollte es mit diesen Vorschlägen (endlich) möglich werden, verstärkt über die individuellen, gesellschaftlichen und politischen Potenziale eines Grundeinkommens debattieren zu können – ein ganz wichtiges Ziel! Über Zusammenhänge zwischen dem BGE und dem Klima bzw. der Ökologie hat Kollege Guido Rüthemann bereits den Band 2 dieser Reihe veröffentlicht[1].

5. Das „Linzer Modell" macht aber auch Aussagen darüber, wer ein Bedingungsloses Grundeinkommen bekommen und wie hoch es sein soll, sowie Vorschläge für die Finanzierung und Umsetzung in Österreich.

Vorschlag für ein emanzipatorisches, bedingungsloses Grundeinkommen („Linzer Modell")

Grundeinkommen ist eine bedingungslose finanzielle Zuwendung, die jedem Mitglied der Gesellschaft in existenzsichernder Höhe, ohne Rücksicht auf sonstige Einkommen, auf Arbeit oder Lebensweise, lebenslänglich als Rechtsanspruch zusteht.

1. Sozialleistungen wie Gesundheitsvorsorge, kostenlose Bildung, Schulbücher, öffentlicher Verkehr etc. bleiben erhalten.
2. Die Höhe des Grundeinkommens für Erwachsene soll sich an der Armutsgefährdungsschwelle orientieren (80% - 100% der Armutsgefährdungsschwelle). Kinder (bis zur Volljährigkeit) sollen 30% bis 70% davon erhalten[2]. (12x im Jahr)
3. Die jährliche Anpassung an den Richtwert ist zu garantieren.
4. Zuverdienst zum Grundeinkommen verringert dieses nicht.
5. Erhalten sollen das BGE alle, die ihren Lebensmittelpunkt legal in Österreich haben.
6. Bisher bezahlte Arbeitslosenversicherungsbeiträge und Pensionsbeiträge begründen erworbenes Recht und müssen daher ausbezahlt werden. Nach Einführung eines BGE sollen Arbeitslosenversicherung und Pensionsversicherung freiwillig, also nicht mehr verpflichtend, sein.
7. Eine Splittung eines Grundeinkommens in ein personenbezogenes Grundeinkommen und ein „Wohngeld" ist für uns denkbar.

8. Eine Anpassung (Erhöhung) der Einkommensteuer ist notwendig, um eine sozial gerechte Umverteilung zu ermöglichen. Trotz der vorgeschlagenen Erhöhung der Steuersätze ergibt sich für die überwiegende Mehrheit der Steuerleistenden (bis zu 80 % oder mehr) unter dem Strich ein positiver Effekt.
9. Unserer Meinung nach wird es durch ein BGE umfangreiche Einsparungen in der Verwaltung und in anderen Bereichen (z.B. im Gesundheitswesen) geben.
10. Durch das höhere Einkommen der unteren Einkommensbezieher wird es zu einer Kaufkrafterhöhung, also zu mehr Konsum und damit zu höheren Mehrwertsteuereinnahmen kommen.
11. Der Rest-Finanzierungsbedarf ergibt sich durch die konkreten Festlegungen, die nach einem positiven Grundsatzbeschluss zur Einführung des Grundeinkommens zu treffen sind.
12. Dafür könnten unserer Meinung nach Vermögens-, Erbschafts-, Schenkungs-, Luxussteuern sowie eine Finanztransaktionssteuer eingeführt werden. Die Kapitalertragssteuer sollte (wie vor 1993) in die progressive Einkommensteuer einbezogen werden und sonstige Konsumsteuern wie CO_2-, Benzin-, Flug-, Plastik-, Tabak-, Glücksspielsteuer etc. könnten zur Finanzierung herangezogen werden.

Linz, im Juli 2020

1. BGE UND SOZIALLEISTUNGEN

Sozialleistungen wie Gesundheitsvorsorge, kostenlose Bildung, Schulbücher, öffentlicher Verkehr etc. bleiben erhalten.

Das „Linzer Modell" für ein BGE ersetzt keineswegs den Sozialstaat. Im Gegenteil: Es versteht sich als eine Weiterentwicklung des Sozialstaates.

Daher bleiben bisherige Errungenschaften des Sozialstaates wie die Gesundheitsvorsorge, die kostenlose Bildung, Schulbücher, öffentlicher Verkehr, etc. erhalten.

Auch Sonderzahlungen für Menschen mit besonderen Bedürfnissen müssen bestehen bleiben.

Das *„Linzer Modell"* will auch nicht das derzeitige System der Sozialversicherung abschaffen. Auch wenn uns bewusst ist, dass in unserm heutigen Sozialsystem nicht alles optimal läuft und eine Reform dringend notwendig ist, so soll diese Reform nicht mit der Einführung eines BGE junktimiert werden.

Die Ausgaben aus dem Sozialbudget bleiben daher weitgehend erhalten. Nur Zahlungen aus dem Sozialsystem, die effektiv durch das BGE ersetzt werden (Mindestsicherung, Notstandshilfe, Pensionsausgleichszahlungen) können entfallen, sowie die Familienbeihilfe, da es mit der Einführung des BGE ja auch ein BGE für Kinder geben wird, das wiederum deutlich über der derzeitigen Familienbeihilfe liegt.

Auch das Arbeitslosengeld und Pensionen dürfen nach dem „Linzer Modell“ nicht eingespart, sondern müssen weiter ausbezahlt werden. Mehr darüber in Kapitel 6.

Auch heute schon lässt der Staat niemanden verhungern. Auch heute wird Menschen, die nicht genug verdienen, um leben zu können, mit Sozialleistungen (Mindestsicherung, Notstandshilfe, Pensionsausgleichszahlungen) geholfen.

Dazu gehören dann auch Wohnbeihilfen und Heizkostenzuschuss. Diese Zuschüsse sind Angelegenheiten der Länder und Gemeinden. Wieweit diese noch notwendig sind oder die Berechtigungsgrenzen angepasst werden müssen, muss noch vor der Einführung des BGE überlegt werden. Es macht keinen Sinn, die Einkommensgrenzen für einen Heizkostenzuschuss mit 950 € monatlich festzusetzen, wenn das BGE schon 1.000 € pro Monat (oder mehr) ausmacht.

Ähnliches gilt für Befreiungen von der Rundfunk-Gebühr, der Rezeptgebührenbefreiung und anderen (lokalen) Sozialleistungen (wie z.B. den sogenannten „Aktiv-Pass“ in Linz)

Was bringt dann das BGE?

Manche sind gegen ein BGE, weil dann „alle Sozialleistungen abgeschafft“ würden. Und vielleicht hat ein/e Pensionist/in mit Pensionsausgleichszahlung, Rezeptgebührenbefreiung und GIS-Befreiung tatsächlich mehr, als das BGE ausmachen würde. Nach unserem Modell hat er/sie dann aber das Grundeinkommen PLUS die Pension (siehe Kapitel 6).

Ein weiterer Vorteil ist, dass die Betroffenen nicht mehr an dutzenden Stellen ansuchen müssen. Heute müssen die meisten Ansuchen ja regelmäßig gestellt – und immer wieder begründet - werden.

Ein dritter Vorteil ist die Vereinheitlichung.

Der größte Vorteil ist aber, dass die Betroffenen nicht mehr Bittsteller sein müssen, sondern das BGE als Rechtsanspruch erhalten!

In unseren Berechnungen sind die Kosten für diese Zuschüsse nicht als Einsparung für die Finanzierung enthalten. Daher müssen sie auch nicht abgeschafft werden um ein BGE finanzieren zu können. Aber eine Anpassung der Einkommensgrenzen für den Bezug dieser Leitungen ist sicher zu überlegen.

Und die Kosten für diese Sozialleistungen?

Wie schon erwähnt, soll mit unserem BGE-Modell das bestehende Sozialversicherungssystem nicht geändert werden. Sonderzahlungen für Menschen mit besonderen Bedürfnissen bleiben damit ebenso erhalten wie Frauenhäuser, Beratungsstellen, etc.

Wie wir im Kapitel 9 sehen werden, sind im Finanzierungsplan des *„Linzer Modells“* Mindestsicherung, Notstandshilfe und Pensionsausgleichszahlung als Einsparung enthalten. Mit anderen Worten: Das Geld für diese Leistungen ist ja da, es muss derzeit aber beantragt, begründet und „erbettelt“ werden.

Und dieses Ansuchen und Betteln um die Sozialleistungen bewirkt, dass sich viele Menschen gar nicht darum bemühen. Sei es, dass sie sich nicht auskennen, sei es, dass sie glauben, dass es sich für sie nicht auszahlt, sei es dass sie sich dafür schämen würden.

Nicht unerwähnt bleiben soll auch die Tatsache, dass viele Personalkosten eingespart werden können, wenn der Aufwand, diese Förderanträge zu bearbeiten und zu prüfen, wegfallen.

2. DIE HÖHE DES BGE

Die Höhe des Grundeinkommens für Erwachsene soll sich an der Armutsgefährdungsschwelle orientieren (80% - 100% der Armutsgefährdungsschwelle). Kinder (bis zur Volljährigkeit) sollen 30% bis 70% davon erhalten. (12x im Jahr)

Armutsgefährdungsschwelle

Seit dem Jahr 2003 werden auf Basis von EU-SILC (European Community Statistics on Income and Living Conditions) jährlich Indikatoren zu Armut und sozialer Eingliederung berechnet. Als **armutsgefährdet** gilt eine Person, die mit weniger als 60 % des mittleren Einkommens (Median) der Gesamtbevölkerung auskommen muss. Diese Einkommensgrenze wird als *Armutsgefährdungsschwelle* bezeichnet. Es handelt sich um eine relative Einkommensarmut. Durch eine einheitliche Anwendung dieser Definition in Europa kann das Maß der Armutsgefährdung in den einzelnen europäischen Staaten miteinander verglichen werden.

Die Armutsgefährdungsschwelle beträgt in Österreich derzeit (für 2019) 1.286 € für einen Erwachsenen. Unser Vorschlag für das BGE (80% bis 100% davon) liegt daher zwischen 1.030 € und 1.286 €.

Wie man aus der Definition leicht erkennen kann, ist diese Zahl eigentlich nur für die Statistik gedacht, um „europäische Staaten miteinander vergleichen zu können".

Die Armutsgefährdungsschwelle bezieht sich nur auf das Einkommen, nicht auf das Vermögen. Und warum werden gerade 60% des Medians der Einkommen eines Staates genommen, warum nicht 70%? Damit ist die Armutsgefährdungsschwelle von ihrer Definition her ein relativ willkürlicher Betrag

Auch ist die Aussage „Das Grundeinkommen soll 80% bis 100% der Armutsgefährdungsschwelle ausmachen" insofern eine Verkomplizierung, weil die Armutsgefährdungsschwelle selbst 60% des Medians der Einkommen beträgt. Gleichbedeutend könnte man daher fordern: „Das BGE soll 48% bis 60% des Medianeinkommens ausmachen"

Warum verwenden wir diese Zahl dann?

Uns ist wichtig, dass das BGE nicht an einen fixen Betrag gebunden wird und dann möglicherweise jährlich neu verhandelt werden muss. Es soll ein Automatismus definiert werden, wie das BGE pro Jahr steigt. Die Zahlen von EU-SILC (und damit das Medianeinkommen in den EU-Ländern) werden jeweils im August für das Vorjahr bekanntgegeben. Damit könnte man mit Beginn des neuen Jahres das BGE anpassen.

Ob das dann mit 50% oder mit 60% des Medians definiert wird, ist zu diskutieren und natürlich auch von der Finanzierbarkeit abhängig.

Referenzbudget

Eine andere Größe, an der sich das BGE orientieren könnte, wäre das im Webportal der staatlich anerkannten Schuldenberatungen in Österreich[3] zu findende „Referenzbudget"[4]

Wie dort eingangs steht, stellen Referenzbudgets „notwendige, monatliche Haushaltsausgaben dar und dienen als Orientierungshilfen. Persönliche Lebensumstände und die tatsächliche Situation eines Haushalts müssen immer berücksichtigt werden. Damit Referenzbudgets Orientierungshilfen für möglichst viele KonsumentInnen werden, wurden Vereinfachungen und Annahmen, die für die Mehrheit der ÖsterreicherInnen relevant und gültig sind, getroffen: monatliche Kosten, Mietwohnung, kein Autobesitz, keine regionalen Unterschiede."

Für 2019 wird das Referenzbudget für einen Einpersonenhaushalt mit 1.434 € berechnet, für ein Paar mit 2.201 € und für ein Paar mit 3 Kindern 4.412 €, wobei die Kosten für die Kinder auch noch je nach Alter unterschiedlich berechnet werden.

Probleme mit diesen Basiszahlen

Beide Basiszahlen schaffen aber ein Problem. Würde man die Armutsgefährdungsschwelle (also 1.286 €) als Basis für ein Grundeinkommen verwenden, so wäre das Grundeinkommen für einen Zwei-Personen-Haushalt bereits 2.572 € und damit 33,3 % ÜBER der Armutsgefährdungsschwelle. Würde man nur 1.000 € als BGE festlegen, so wäre das BGE für den Ein-Personen-Haushalt 22,2 % UNTER der Armutsgefährdungsschwelle, das BGE für den Zwei-Personen-Haushalt 3,7 % über, das BGE für einen großen Haushalt mit 3 Erwachsenen und 4 Kindern schon wieder 21,5 % über der Armutsgefährdungsschwelle.

Nicht ganz die gleichen, aber ähnliche Zahlen ergeben sich bei der Verwendung des Referenzbudgets.

Der Grund dafür ist, dass (in der herkömmlichen) Ermittlung eines BGE für jeden Erwachsenen das gleiche BGE angenommen wird (und für Kinder meistens 50% davon), bei der Armutsgefährdungsschwelle aber mit einem Faktor von 0,5 pro zusätzlichem Erwachsenen und 0,3 für jedes Kind. Das Referenzbudget wird für verschiedene Familiengrößen (sogar für unterschiedliche Altersstufen der Kinder) individuell berechnet, ergibt in Summe aber ähnliche Gewichtungen.

Ein Ausweg aus diesem Dilemma wird in Kapitel 7 (BGE und Wohngeld) gezeigt.

Andere Bezugsgrößen für ein BGE

Manchmal werden Mindestsicherung, Notstandshilfe, Mindestpension oder Pfändungsfreibetrag als Richtwert für ein BGE vorgeschlagen.

Wir sehen diese Richtwerte nicht brauchbar für ein BGE, da sie von Verhandlungen abhängig sind und von einer Regierung geändert/festgelegt werden könnten.

Eine Ausrichtung an die von der EU ermittelte Armutsgefährdungsschwelle oder das von den Schuldnerberatungen ermittelte Referenzbudget erscheint uns daher sinnvoller.

Vielleicht wird aber noch ein anderer Richtwert für ein BGE gefunden.

3. JÄHRLICHE ANPASSUNG

Die jährliche Anpassung an den Richtwert ist zu garantieren.

Wie schon in Kapitel 2 erwähnt, soll sich das BGE an der Armutsgefährdungsschwelle oder am Referenzbudget orientieren und nicht jährlich verhandelt werden müssen. Die Orientierung an der Armutsgefährdungsschwelle bewirkt, dass sich das BGE automatisch mit dem Durchschnitt der Einkommen erhöht. Die Orientierung am Referenzbudget würde eine Orientierung an den Lebenskosten bedeuten.

Eine Bindung an einen dynamischen Marktwert (Armutsgefährdungsschwelle oder Referenzbudget) ist jedenfalls notwendig.

4. ZUVERDIENST

Zuverdienst zum Grundeinkommen verringert dieses nicht.

Ein wesentlicher Punkt eines Grundeinkommens ist eben, dass es „bedingungslos“ gegeben wird, also auch unabhängig vom Vermögen oder sonstigen Einkünften.

Damit fördert ein BGE eigentlich die Arbeitsbereitschaft!

Wer heute Sozialleistungen bezieht und dann noch dazu verdient, verliert diese Sozialleistungen sofort:

- Wer Mindestsicherung bezieht und dann noch den einen oder anderen Job macht, dem wird die Mindestsicherung um den Betrag gekürzt, der er/sie dazu verdient hat.
- Gleiches gilt für die Pensionsausgleichszahlungen
- Bei der Notstandshilfe ist es noch schlimmer: Wer mit einem anderen Einkommen dann eine gewisse Grenze überschreitet (Geringfügigkeit, 2021 waren das 475,86 € brutto/Monat), der verliert gleich die gesamte Notstandshilfe und hat am Schluss dann oft weniger als zuvor mit Notstandshilfe.

Wer wird unter diesen Bedingungen arbeiten? Und unterstützt diese Regelung nicht die Schwarzarbeit?

Wer ein BGE bezieht und dann vielleicht halbtägig ein Ehrenamt (freiwillige Arbeit) leisten will, der kann ohne Probleme noch einen Job für ein paar Stunden annehmen, mit dem er/sie dann vielleicht ein paar hundert Euro im Monat dazuverdient.

Auch Menschen, die aus gesundheitlichen Gründen nicht mehr oder nicht in Vollzeit arbeiten können/wollen, könnten mit kleinen Jobs wieder in die Arbeitswelt einsteigen.

Ja sogar Menschen, die heute als „Sozialschmarotzer" bezeichnet werden, hätten damit eine Chance eines langsamen Wiedereinstiegs in die Arbeitswelt.

5. WER SOLL EIN GRUNDEINKOMMEN ERHALTEN?

Erhalten sollen das BGE alle, die ihren Lebensmittelpunkt legal in Österreich haben.

In der BGE-Szene gibt es Gruppen, die das BGE nur österreichischen Staatsbürgern zusprechen. Andererseits gibt es welche, die es dann sogar österreichischen Staatsbürgen zusprechen, die nicht in Österreich wohnen.

Über die Definition des BGE (siehe Seite 11 ff) ist aber klar, dass es alle in Österreich lebenden Menschen erhalten sollen. Oder wie es im *„Linzer Modell“* definiert mit „alle, die ihren Lebensmittelpunkt legal in Österreich haben“.

5.1. Was heißt „Lebensmittelpunkt in Österreich“?

Klar sind damit alle Österreicher, alle EU-Bürger und auch Nicht-EU-Bürger genannt, die hier leben und arbeiten – und nur gelegentlich zum Urlaub das Land verlassen.

Aber wie ist das mit Studenten, die im Ausland studieren oder mit Auslandskorrespondenten der Medien? Wie ist das mit Pensionisten, die den Winter in Ostasien verbringen? Wie ist das mit Saisonarbeitern aus Rumänien, die drei oder vier Monate pro Jahr in Österreich sind?

An diesen Beispielen ist zu sehen, dass die Definition „Lebensmittelpunkt in Österreich“ sehr einfach klingt, aber schwer zu definieren bzw. schwer zu prüfen ist.

Im heutigen System – das stark auf das Erwerbsleben ausgerichtet ist – ist klar, dass jeder, der in Österreich angestellt ist oder sich regelmäßig beim AMS als arbeitssuchend meldet, im Sozialsystem eingebunden ist. Dazu natürlich auch Schüler und Studenten, die zu Ausbildungszwecken im Ausland sind.

Das BGE soll aber von der Erwerbsarbeit entkoppelt sein. Wie kann man damit prüfen, ob jemand seinen Lebensmittelpunkt in Österreich hat?

- **Damit gibt es in der Frage, wer ein Grundeinkommen erhalten soll, noch viele offene Diskussionspunkte.**

5.2. Dürfen alle EU-Bürger in Österreich BGE beziehen?

Prinzipiell gilt in der EU das sogenannte Niederlassungsrecht (Rechtliche Grundlage: EU-Freizügigkeitsgesetz §2 Absatz 5). Dieses Recht bedeutet aber nicht, dass ein EU-Bürger sich einfach in jedem EU-Land niederlassen und dort Sozialleistungen beziehen kann.

Eine gute Übersicht über Rechte und Pflichten im Zusammenhang mit der Niederlassungsfreiheit gibt eine Webseite vom deutschen „Mediendienst Integration“[5]. Dort heißt es u.a.

- *Jeder Angehörige eines Mitgliedsstaats darf mit seinem Personalausweis nach Deutschland einreisen und sich bis zu drei Monate ohne weitere Formalitäten im Land aufhalten. In diesen drei Monaten hat er keinen Anspruch auf Sozialhilfeleistungen.*

- *Ein Unionsbürger, der sich länger als drei Monate in Deutschland aufhalten will, kann das tun, sofern er einige Bedingungen erfüllt. Diese hängen von seinem Aufenthaltsstatus ab:*
  - *Arbeitnehmer und Selbstständige:*
    - *Ein Unionsbürger, der in Deutschland arbeitet, genießt nach EU-Recht die volle Freizügigkeit und muss wie ein Inländer behandelt werden.*
    - *Arbeitnehmer und Selbstständige müssen keine Nachweise über ausreichende Existenzmittel liefern. Sie genießen die volle Freizügigkeit, solange ihre Beschäftigung nicht „wirtschaftlich unbedeutend" ist.*
    - *Den Arbeitnehmer- oder Selbstständigenstatus verliert man erst, wenn man länger als ein Jahr den deutschen Arbeitsmarkt verlässt*
  - *Arbeitsuchende:*

    Ein Unionsbürger, der in Deutschland Arbeit sucht, hat ebenfalls das Recht auf Freizügigkeit. Bemüht er sich aktiv, eine Stelle zu finden, kann er bis zu sechs Monate bleiben, ohne beweisen zu müssen, dass er seine Lebensunterhaltskosten decken kann.
  - *Nichterwerbstätige: Unionsbürger wie Rentner oder Studenten, die sich länger als drei Monate in Deutschland aufhalten wollen, müssen nachweisen, dass sie über einen sicheren Lebensunterhalt und eine Krankenversicherung verfügen. Wenn sie das nicht tun, können sie nach deutschem Gesetz ausgewiesen werden.*

- *Daueraufenthaltsrecht:*
  Alle Unionsbürger, die sich länger als fünf Jahre rechtmäßig im Aufnahmeland aufhalten, verfügen nach dieser Zeit über ein Daueraufenthaltsrecht und haben weitestgehend dieselben Rechte und Pflichten wie Inländer

Somit ist klar, dass es auch EU-Bürgern nicht möglich ist, sich dauerhaft in Österreich aufzuhalten, nur um die Leistungen des österreichischen Sozialsystems zu beziehen. Nicht-EU-Bürgern umso weniger.

5.3. Wer bekommt das BGE für Kinder?

Das BGE soll ja JEDEM Menschen ab der Geburt zustehen.

Zur Höhe des BGE für Kinder gibt es verschiedene Modelle. Manche gehen von 50% des BGE für Erwachsene aus. Ab 16 oder 18 Jahren soll dann das volle BGE bezahlt werden.

Wir schlagen vor, das Kinder-BGE bei der Geburt mit 30% des Erwachsenen-BGE zu beginnen und jährlich um vier Prozentpunkte zu steigern, sodass mit 17 Jahren 98% des BGE gezahlt werden und dann ab dem 18. Lebensjahr 100%. Da 30% eines BGE bei der Geburt vielleicht zu wenig sind, weil gerade da zusätzliche Kosten anstehen, schlagen wir eine einmalige Geburtenpauschale als Zusatz zum Kinder-BGE vor.

Das bedeutet also, dass die Eltern oder Erziehungsberechtigten bei der Geburt eines Kindes ein Konto anlegen sollen, auf das das BGE bezahlt wird. Ist das Kind noch klein, sind bei diesem

Konto natürlich zuerst die Eltern/Erziehungsberechtigten zeichnungsberechtigt.

Aber wann und wie ändert sich das?

Ab wann kann das Kind bzw. der Jugendliche selbst darüber bestimmen? Wieviel steht dem Jugendlichen persönlich zur Verfügung? Wieviel muss es den Eltern für Wohnung, Essen (und vielleicht auch für das Wäschewaschen) abgeben? Soll das von Eltern und/oder Jugendlichen ganz frei entschieden werden können? Oder soll es dafür Richtlinien oder Vorschläge geben?

- **Damit gibt es auch in dieser Frage noch offene Diskussionspunkte.**

Ein Vorschlag, wie das zumindest teilweise gelöst werden könnte, ist im Kapitel 7 zu finden, wo es um ein gesplittetes BGE geht.

5.4. BGE für Menschen in Haft?

In einer unserer Stammtischrunden ist die Frage aufgeworfen worden, ob auch inhaftierte Straftäter/innen (also Haftgefangene) ein Grundeinkommen bekommen sollten. Die Frage konnte nicht beantwortet werden, weil niemand von uns wirklich wusste, wie eigentlich jetzt die Bedingungen für Insassen der Justizanstalten sind.

Wir haben daher Mag.[a] Iris Hofer, die Leiterin der Justizanstalt Linz, zu einem „Think Tank“ eingeladen. Leider musste dieser auf Grund der Corona-Beschränkungen online stattfinden. Der Vorteil davon war, dass wir diesen Abend aufzeichnen konnten.

Das Video ist auf der Webseite www.das-grundeinkommen.org zu finden[6].

Kurz eine Zusammenfassung:

- Eine Person in Haft kostet dem Staat durchschnittlich 130 € pro Tag, in Sonderstrafanstalten bis zu 700 € pro Tag.
- Strafgefangene haben prinzipiell die Pflicht, in der Strafanstalt einer Arbeit nachzugehen. Dafür bekommt er/sie je nach Tätigkeit zwischen 4,18 € und 9,73 € pro Stunde. Davon werden 75% als „Vollzugskostenbeitrag“ (also für Essen, etc.) einbehalten, von den restliche 25% kann er/sie die Hälfte im Gefängnis verbrauchen, die andere Hälfte wird als Rücklage auf ein Konto gelegt. Dieses Geld erhält er/sie bei der Entlassung als Starthilfe. Kranken- und Unfallversicherung übernimmt der Bund.
- In den Kosten für den Staat i.H.v. 130 € bis 700 € ist der Vollzugskostenbeitrag bereits abgerechnet.
- Ein Problem ist, dass es nicht für alle Häftlinge Beschäftigung gibt.
- Wenn es Mietkosten gibt, so wird das manchmal von der Familie übernommen, manchmal aber auch durch Sozialleistungen (z.B. vom Magistrat) abgedeckt.
- Im Strafvollzug wird jeder gleich behandelt, unabhängig davon, welches Vermögen ihm in Freiheit zur Verfügung

steht. Basis dafür sind der "Absperrungsgrundsatz" und der "Beschränkungsgrundsatz".

Bei einem der folgenden Stammtische haben wir dann darüber geredet, was das für ein BGE für Strafgefangene heißen würde.

Wir gehen ja davon aus, dass das BGE JEDEM Menschen zusteht. Also kann man es eigentlich auch einem/einer Straftäter/in nicht verwehren. Das würde aber bedeuten, dass sich ein/e Strafgefangene/r bei einer Strafe von 18 Monaten 18.000 € erspart, wenn er/sie keine Miete zu bezahlen hat. Andererseits kostet er/sie dem Staat durchschnittlich 130 € täglich, in 18 Monaten also ca. 70.000 €, in Sonderanstalten sogar bis zu 380.000 €.

Daher wird überlegt werden müssen, wieweit die derzeitigen „Vollzugskostenbeiträge“ ausgeweitet werden oder/und ob der Absperrungsgrundsatz und der Beschränkungsgrundsatz angepasst werden müssen.

Andererseits kann man überlegen (aber natürlich nicht berechnen), wie weit ein BGE manche Menschen von Straftaten abhalten würde. Wenn ein Häftling dem Staat so viel kostet, muss es ein großes Ziel sein, die Straftaten und damit die Kosten für Strafgefangene zu reduzieren.

Was es weiter zu beachten gilt:

- Für einen unselbstständigen Arbeitnehmer bedeutet der Gefängnisaufenthalt auf jeden Fall den Verlust des Einkommens für diese Zeit – und vielleicht sogar eine

Entlassung und dann Arbeitslosigkeit. Auch ein/e kleine/r Selbstständige/r würde einen Gefängnisaufenthalt finanziell nicht überleben.

- Wie ist das aber mit Großunternehmer/innen, die sich in der Zeit der Haft vertreten lassen können? Vielleicht vom Gefängnis heraus auch Entscheidungen treffen und so die Firma weiterleiten können? Oder wie ist das mit Leuten, die ihr Geld mit Aktien oder Beteiligungen machen? Wird sich bei denen durch die Haftstrafe die Einkommenssituation ändern? Oder „verdienen" die durch die Haft sogar dazu, weil sie keine Kosten für das Essen (und für Kleidung) brauchen?

6. ARBEITSLOSENGELD UND PENSIONEN

Bisher bezahlte Arbeitslosenversicherungsbeiträge und Pensionsbeiträge begründen erworbenes Recht und müssen daher ausbezahlt werden. Nach Einführung eines BGE sollen Arbeitslosenversicherung und Pensionsversicherung freiwillig, also nicht mehr verpflichtet, sein.

6.1. Arbeitslosengeld und Arbeitslosenversicherung

Die Arbeitslosenversicherung gehört in Österreich, wie auch in Deutschland und der Schweiz, zum Sicherungssystem der staatlichen Sozialversicherungen. Eine Arbeitslosenversicherung auf EU-Ebene gibt es nicht.

In Österreich sind Arbeitnehmer (außer geringfügig Beschäftigte), Lehrlinge, Heimarbeiter sowie eine Reihe weiterer Personengruppen nach Spezialbestimmungen pflichtversichert. Freie Dienstnehmer sind seit 1. Jänner 2008 pflichtversichert, Selbstständige können sich seit Jänner 2009 wahlweise gegen Arbeitslosigkeit versichern.

Der Beitragssatz für die Arbeitslosenversicherung beträgt für den Arbeitgeber 3 % (bei Lehrverhältnissen: 1,2 %), für den Arbeitnehmer ist der Beitrag je nach Einkommen zwischen 0% und 3% (über einem Einkommen von 1.948 € brutto) gestaffelt.

Wenn ein BGE eingeführt wird, ist zu überlegen,

- wie sinnvoll eine Arbeitslosenversicherung, konkret wie sinnvoll eine Pflichtversicherung ist
- was mit den Beträgen geschieht, die von Arbeitgebern und Arbeitnehmern für diese Versicherung einbezahlt werden

Eine Pflichtversicherung erscheint nach Einführung des BGE nicht notwendig. Natürlich wird es (viele) Menschen geben, die im Fall einer Arbeitslosigkeit mit dem BGE nicht auskommen können oder nicht auskommen wollen, gerade dann, wenn sie vorher durch höhere Einkommen einen gewissen Lebensstandard gewöhnt waren oder durch Kredite etc. Zahlungsverpflichtungen haben, die mit einem BGE nicht bedient werden könnten. Daher macht es in diesen Fällen Sinn, eine freiwillige Erwerbsarbeitslosigkeits-Versicherung abzuschließen. Eine solche Regelung gibt es ja heute für Selbstständige.

Diese Änderung würde aber nichts zur Finanzierung des BGE beitragen.

Andererseits zahlen Arbeitnehmer bis zu einem Monatseinkommen von 1.648 € ohnehin keine Arbeitslosenversicherung und Arbeitnehmer mit einem Einkommen zwischen 1.648 € und 1.948 € nur 1% bzw. 2% Arbeitslosenversicherung.

Und wie ist das mit den Arbeitgeber-Beiträgen? Würden die Einnahmen daraus dann für die Bezahlung der freiwillig Versicherten zur Verfügung stehen? Wohl kaum. Diese Beiträge könnten damit auch der Finanzierung des BGE zugutekommen.

Laut Statistik Austria[7] betrugen im Jahr 2014 die Beiträge der Arbeitgeber/innen sowie jene der Arbeitnehmer/innen je 2,9 Mrd. €. Insgesamt beliefen sich die Einnahmen der Arbeitslosenversicherung 2014 auf 6 Mrd. €[8], andererseits wurden 2,66 Mrd. € an „Geldleistungen der Arbeitslosenversicherung" ausgegeben[9].

6.2. Pensionen und Pensionsversicherung

Im „additiven Modell", wie es von unserem Verein vertreten wird, kommt das BGE zum Einkommen – und damit auch zur Pension – DAZU, wobei die gleichen steuerlichen Regeln gelten wie für Bezieher von Erwerbseinkommen. Auch für Pensionisten würden sich die Einkommensteuersätze verändern, sodass jemand, der 570 € monatliche Pension bezieht (und davon derzeit keine Steuer bezahlt), davon dann auch Einkommensteuern bezahlt. Damit würde sich die Pension noch einmal verringern, andererseits kommen 12.000 € BGE dazu, sodass diese Person damit im Jahr 8.900 € mehr zur Verfügung hat.

Bezieher einer Pension von monatlich 1.430 € hätten dann pro Jahr um 4.900 € mehr, Bezieher eine Pension von ca. 3.000 € monatlich (entspricht 43.000 € im Jahr) hätten weder Vorteil noch Nachteil und Bezieher höherer Pensionen müssten auch mehr Steuern zahlen als sie durch das Grundeinkommen erhalten.

Die Ausgleichszulage, die heute Pensionisten erhalten, die weniger Pension erhalten als die sogenannte „Mindestpension", würde entfallen und damit auch der Aufwand zur Kontrolle der Berechtigung. Alle Pensionisten hätten aber mit BGE plus (versteuerter) Pension mehr als die Pension mit Ausgleichszulage.

Manche BGE-Initiativen vertreten im Gegensatz zum „Linzer Modell" die Meinung, dass durch das BGE auch Pensionen gekürzt werden könnten. Im sogenannten „substitutiven Modell" oder „Wandlungs-Modell", das in Österreich z.B. von der „Generation Grundeinkommen" vertreten wird, würde ein BGE für Pensionsbezieher nicht wirklich etwas verändern. Pensionisten mit Pensionsansprüchen über dem BGE würden die Basis als BGE erhalten und das, was darüber hinausgeht, als (gekürzte) Pension. Bezieher von sehr kleinen Pensionen würden dann das BGE beziehen, aber keine Pension. Da es schon heute das System der „Ausgleichszulage" gibt, ergäbe sich dadurch auch für diese Personen keine große Änderung.

Die Überlegung zur Arbeitslosenversicherung kann auch auf die Pensionsversicherung angewendet werden. Auch jetzt gibt es ja neben der Pflichtversicherung, die gleich vom Lohn/Gehalt abgezogen wird bzw. bei Selbstständigen mit der Abgabe an die Sozialversicherung abgeführt wird, Formen der freiwilligen „Höherversicherung"[10] und der privaten Pensionsversicherung und Lebensversicherung.

Daher könnte man auch hier überlegen, ob eine Pflichtversicherung sinnvoll oder notwendig ist: Wer in der Pension mit einem Grundeinkommen auskommen würde, müsste dann keine Pensionsversicherung bezahlen. Wer in der Pension ein komfortableres Leben führen möchte, könnte sich freiwillig oder privat dafür versichern.

6.3. „BGE-Versicherung“

Eine weitere Idee wäre, die verpflichtende Arbeitslosen- und Pensionsversicherung zu belassen und sie quasi als „BGE-Beitrag“ zu definieren, also in den Topf zur Finanzierung des BGE fließen zu lassen. Diese Idee scheint aber nicht sehr durchdacht, u.a. deshalb, weil das nur unselbstständig erwerbstätige betreffen würde.

7. GRUNDEINKOMMEN UND WOHNGELD

Eine Splittung eines Grundeinkommens in ein personenbezogenes Grundeinkommen und ein „Wohngeld“ ist für uns denkbar.

Eine ungewöhnliche Aussage ist diese Idee einer Splittung von persönlichen Grundeinkommen und Wohngeld, also jeder Person ein Grundeinkommen von 500 € bis 700 € zu bezahlen und pro Haushalt ein Wohngeld ebenfalls in dieser oder einer ähnlichen Höhe.

Im ersten Augenblick scheint das dem Grundsatz eines BGE zu widersprechen, da das BGE personenbezogen sein muss und nicht haushaltsbezogen sein darf.

Heute werden Sozialleistungen „haushaltsbezogen“ berechnet, das heißt in diesem Fall, dass zur Berechnung des Einkommens (bzw. zur Ermittlung einer Notlage) das Haushaltseinkommen als Grundlage dient, die Leistung also nicht einem Menschen persönlich zusteht, sondern vom Haushaltseinkommen abhängig ist.

Das wäre bei unserem Vorschlag aber nicht der Fall: Das Grundeinkommen bleibt persönlich und unabhängig von der Haushaltssituation und auch das Wohngeld wäre ein Recht jedes Haushaltes.

Man könnte das Modell auch als „erweitertes partielles BGE“ bezeichnen und so als einen Schritt zu einem BGE in vollem Umfang.

Es gibt Ansätze, das BGE niedrig zu halten - wobei in manchen Gegenden schon kleine Wohnungen mehr kosten - und dafür einen Wohnungszuschuss beantragen zu können. Auch dagegen sprechen wir uns aus, weil das wieder eine zu erbittende und zu überprüfende Sozialleistung wäre.

Unser Vorschlag, den wir zur Diskussion einbringen: Das persönliche BGE in Höhe von 700 € bis 800 € und ein Wohngeld pro Haushalt in Höhe von 400 € bis 700 €.

Diese Überlegung entspricht auch der Verknüpfung des BGE mit der Armutsgefährdungsschwelle oder dem Referenzbudget. Bei der Armutsgefährdungsschwelle wird jede weitere im Haushalt lebende Person mit einem Faktor 0,5 gerechnet. Die Armutsgefährdungsschwelle von 1.286 € pro Person beträgt für einen Zweipersonen-Haushalt 1.929 € und nicht 2.572 €.

Was sind die Vor- und Nachteile dieser Variante?

(1) **Senkung der Kosten**: Je nach Anteil des Wohngeldes am gesamten BGE ergeben sich folgende Zahlen:

BGE	1.000 €	600 €	720 €
Wohngeld	-	400 €	480 €
Kinder	500 €	300 €	360 €
Gesamtkosten	**96,9 Mrd. €**	**76,9 Mrd. €**	**92,2 Mrd. €**

Die Gesamtkosten sind also bei einem BGE von 1.000 €, das zu 60% als persönliches BGE und zu 40% als

Wohngeld ausbezahlt wird, schon 20% geringer. Andererseits wäre ein BGE mit 1.200 € (aufgeteilt auf 720 € persönliches BGE und 480 € Wohngeld) auch nicht teurer als das Modell ohne BGE mit nur 1.000 € für den Einpersonenhaushalt.

In diesen „Gesamtkosten" sind die Rückflüsse an ESt, die Einsparungen und die Mehreinnahmen aus Kaufkrafterhöhung noch nicht berücksichtigt. Zu den tatsächlichen Finanzierungskosten siehe Kapitel 11.

(2) **Ausgleich der „Ungerechtigkeit" zwischen kleinen und großen Haushalten**:
Verglichen mit der Armutsgefährdungsschwelle (AGS) sind in der Variante ohne Wohngeld Einpersonenhaushalte (je nach Modell) meistens darunter, große Haushalte aber deutlich darüber.

	Faktor	AGS	BGE	Delta €	Delta	%
1-Personen-Haushalt	1,0	1.286 €	1.000 €	-286 €	-22,2	%
1 Erw. + 1 Kind	1,3	1.672 €	1.500 €	-172 €	-10,3	%
1 Erw. + 2 Kinder	1,6	2.058 €	2.000 €	-58 €	-2,8	%
2 Erwachsene	1,5	1.929 €	2.000 €	71 €	3,7	%
2 Erw. + 1 Kind	1,8	2.315 €	2.500 €	185 €	8,0	%
3 Erwachsene	2,0	2.572 €	3.000 €	428 €	16,6	%
2 Erw. + 2 Kinder	2,1	2.701 €	3.000 €	299 €	11,1	%
2 Erw. + 3 Kinder	2,4	3.086 €	3.500 €	414 €	13,4	%
2 Erw. + 4 Kinder	2,7	3.472 €	4.000 €	528 €	15,2	%
3 Erw. + 4 Kinder	3,2	4.115 €	5.000 €	885 €	21,5	%

Das liegt wie gesagt daran, dass bei der Berechnung der Armutsgefährdungsschwelle (bei derzeit 1.286 €) jede weitere erwachsene Person nur mit einem Faktor von

0,5 und jedes Kind mit einem Faktor von 0,3 gerechnet wird.

Mit andern Worten: Der Faktor 1 (für den 1-Personen-Haushalt) ergibt sich aus einem Faktor 0,5 für die Person und einem Faktor 0,5 für die Wohnung.

Wenn wir diese Methode nun beim BGE anwenden, so heißt das bei einem BGE von 643 € pro Person, 643 € Wohngeld und 386 € für Kinder eine komplette Angleichung des Grundeinkommens an die Armutsgefährdungsschwelle (AGS):

	Faktor	AGS	BGE / Wohngeld	Delta €	Delta	%
BGE pro Erwachsenen			643 €			
Wohngeld pro Haushalt			643 €			
BGE für Kinder			386 €			
1-Personen-Haushalt	1,0	1.286 €	1.286 €	0 €	0,0	%
1 Erw. + 1 Kind	1,3	1.672 €	1.672 €	0 €	0,0	%
1 Erw. + 2 Kinder	1,6	2.058 €	2.058 €	0 €	0,0	%
2 Erwachsene	1,5	1.929 €	1.929 €	0 €	0,0	%
2 Erw. + 1 Kind	1,8	2.315 €	2.315 €	0 €	0,0	%
3 Erwachsene	2,0	2.572 €	2.572 €	0 €	0,0	%
2 Erw. + 2 Kinder	2,1	2.701 €	2.701 €	0 €	0,0	%
2 Erw. + 3 Kinder	2,4	3.086 €	3.086 €	0 €	0,0	%
2 Erw. + 4 Kinder	2,7	3.472 €	3.472 €	0 €	0,0	%
3 Erw. + 4 Kinder	3,2	4.115 €	4.115 €	0 €	0,0	%

Nun wird von manchen Gegnern dieser Variante ins Treffen geführt, dass es ja gewünscht sei, das Zusammenleben von Menschen zu fördern, weil das ja auch soziale und ökologische Vorteile hat. Dieser Einwand ist richtig. Allerdings kann dieses Problem behoben werden, indem die Gewichtung zwischen BGE und Wohngeld verschoben wird.

Verschieben wir das Verhältnis zwischen BGE und Wohngeld von 50/50 zu 60/40 so ergibt sich mit einem BGE von 720 € und einem Wohngeld von 480 € wieder der gewünschte Effekt, aber ohne die große Schere von oben:

	Faktor	AGS	BGE / Wohngeld	Delta €	Delta	%
BGE pro Erwachsenen			720 €			
Wohngeld pro Haushalt			480 €			
BGE für Kinder			432 €			
1-Personen-Haushalt	1,0	1.286 €	1.200 €	-86 €	-6,7	%
1 Erw. + 1 Kind	1,3	1.672 €	1.632 €	-40 €	-2,4	%
1 Erw. + 2 Kinder	1,6	2.058 €	2.064 €	6 €	0,3	%
2 Erwachsene	1,5	1.929 €	1.920 €	-9 €	-0,5	%
2 Erw. + 1 Kind	1,8	2.315 €	2.352 €	37 €	1,6	%
3 Erwachsene	2,0	2.572 €	2.640 €	68 €	2,6	%
2 Erw. + 2 Kinder	2,1	2.701 €	2.784 €	83 €	3,1	%
2 Erw. + 3 Kinder	2,4	3.086 €	3.216 €	130 €	4,2	%
2 Erw. + 4 Kinder	2,7	3.472 €	3.648 €	176 €	5,1	%
3 Erw. + 4 Kinder	3,2	4.115 €	4.368 €	253 €	6,1	%

(3) **Das Wohngeld kann an die Wohngegend angepasst werden:** Eine oft gehörte Kritik am Grundeinkommen ist, dass man mit 1.000 € im Mühlviertel oder im Burgenland auskommen könne, aber nicht in Wien. Dieses Argument ist besonders oft in Deutschland zu hören, weil dort die Wohnkosten in München viel höher sind als in einigen Gegenden im Osten.

Auch dieses Problem könnte mit der Wohngeld-Variante behoben werden:

Es gibt mehrere Berechnungen der Wohnkosten pro Bezirk. Hier eine Grafik aus willhaben.at.

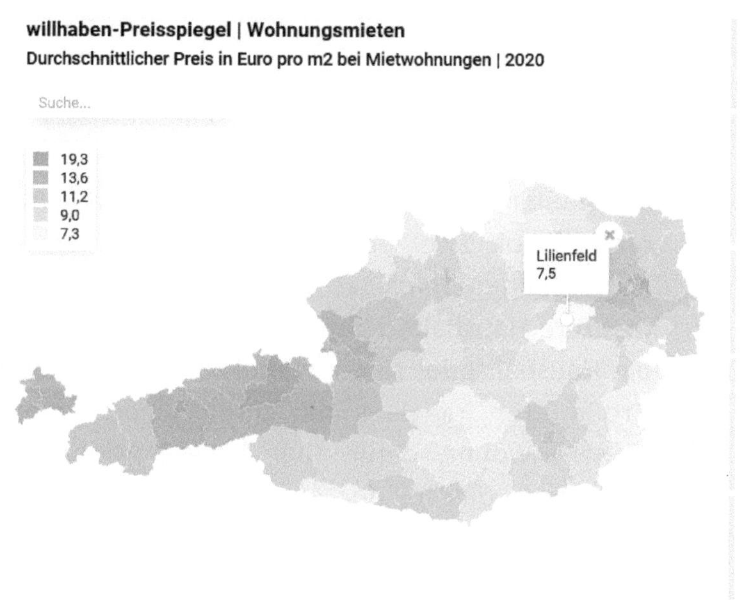

Die Mietpreise liegen also zwischen 7 € pro m^2 und fast 20 € pro m^2. Der Mittelwert ist also 13,50 €. Die billigsten Mieten liegen damit fast 50% unter dem Mittelwert, die teuren Mieten 50% darüber.

Bezüglich dieses Themas gibt es Widerspruch, weil doch Leben auf dem Land eher belohnt, Landflucht eher verhindert werden sollte.

Aber auch in dieser Frage kann eine Gewichtung die Lösung sein: Wenn z.B. das oben genannte Beispiel von 480 € als Mittelwert für das Wohngeld verwendet wird, dann könnte das Wohngeld in ländlichen Gegenden nicht 50% davon sein, sondern 75% (360 €) und das Wohngeld in städtischen Gegenden nicht 150% davon, sondern nur 125% (600 €).

(4) **Kontrolle bzw. Überprüfung:** Ein gewisser Nachteil dieser Variante, der nicht verschwiegen werden soll, ist die Definition von „Haushalt". Woran kann man festmachen, ob zwei oder mehrere Menschen in einem gemeinsamen Haushalt wohnen oder ob es sich um mehrere Haushalte handelt. Ist eine Studenten-WG nur ein Haushalt oder sind das mehrere? Was ist, wenn die Großmutter im Haus mit ihren Kindern und Enkelkindern wohnt, dafür aber keinen Mietvertrag hat? Kann man das an der Anzahl der WC's kontrollieren oder an der Anzahl der Zahnbürsten?

Die Definition und die Kontrolle ist also keine einfache Sache. Wir wollen mit dem BGE ja Kontrollen einsparen und Vertrauen aufbauen.

Da müssten also klare Definitionen gefunden und bei Missbrauch (saftige) Strafen verhängt werden. Die Wohngeld-Variante für ein BGE ist also ein durchaus überlegenswerter Ansatz, der jedoch noch einiges an Weiterüberlegungen bedarf.

8. REFINANZIERUNG DURCH EINKOMMENSTEUER

Eine Anpassung (Erhöhung) der Einkommensteuer ist notwendig, um eine sozial gerechte Umverteilung zu ermöglichen. Trotz der vorgeschlagenen Erhöhung der Steuersätze ergibt sich für die überwiegende Mehrheit der Steuerleistenden (bis zu 80 % oder mehr) unter dem Strich ein positiver Effekt.

Rückfluss und Anpassung der Einkommensteuer

Dieses Thema ist im Buch „Grundeinkommen für ALLE? Auch für mich?“ ausführlich beschrieben worden. Daher sollen hier nur zusammenfassende Ergebnisse und Grafiken dargestellt werden.

Der Ansatz ist, dass

1. das BGE steuerfrei sein soll, dafür aber jedes andere Einkommen zu versteuern ist. Das BGE ersetzt somit die 1. Stufe der Einkommensteuer, die derzeit (in Österreich) 11.000 € beträgt und für die heute keine Einkommensteuer zu bezahlen ist.
2. die Einkommensteuer generell erhöht wird.

Die folgenden Berechnungen beruhen nun auf der Annahme eines BGE i.H.v. 1.000 € und einer geänderten Steuertabelle:

STEUER	Stufe 2020	Steuersatz 2020	Stufe neu	Steuersatz neu
bis	11.000 €	0%	12.000 €	0%
bis	18.000 €	20%	18.000 €	35%
bis	31.000 €	35%	31.000 €	50%
bis	60.000 €	42%	60.000 €	60%
bis	90.000 €	48%	90.000 €	60%
bis	1.000.000 €	50%	1.000.000 €	60%
	darüber	55%		60%

Mit diesen Annahmen ergeben sich folgende Änderungen der Netto-Einkommen:

Beispiele:

Jahres-Brutto (ohne BGE)	Steuer jetzt	netto jetzt	Ø-Steuersatz	Jahres-Brutto (mit BGE)	Steuer neu	etto (mit BGE)	Ø-Steuersatz	Netto-Differenz
0 €	- €	0 €	0,0%	12.000 €	- €	12.000 €	0,0%	12.000 €
15.000 €	800 €	14.200 €	5,3%	27.000 €	6.600 €	20.400 €	24,4%	6.200 €
25.000 €	3.850 €	21.150 €	15,4%	37.000 €	12.200 €	24.800 €	33,0%	3.650 €
43.000 €	10.990 €	32.010 €	25,6%	55.000 €	23.000 €	32.000 €	41,8%	-10 €
100.000 €	37.530 €	62.470 €	37,5%	112.000 €	57.200 €	54.800 €	51,1%	-7.670 €
300.000 €	137.530 €	162.470 €	45,8%	312.000 €	177.200 €	134.800 €	56,8%	-27.670 €
500.000 €	237.530 €	262.470 €	47,5%	512.000 €	297.200 €	214.800 €	58,0%	-47.670 €

"brutto" meint Bemessungsgrundlage Einkommensteuer, also Bruttogehalt abzügl. Sozialversicherung und Freibeträge

Anmerkung: In diesen Berechnungen und Beispielen ist mit „Jahresbrutto" bzw. „Jahreseinkommen" nicht das Bruttoeinkommen gemeint, sondern die Bemessungsgrundlage für die Einkommensteuerberechnung, also die Summe der Einkommen abzüglich der Sozialversicherung und der Freibeträge.

In unserem Modell wird die Sozialversicherung nicht geändert, sondern bleibt wie bisher (meistens 18.12 % des Bruttoeinkommens). Daher ist bei den Finanzierungsrechnungen auch die Sozialversicherung nicht berücksichtigt.

Oder als Grafik dargestellt:

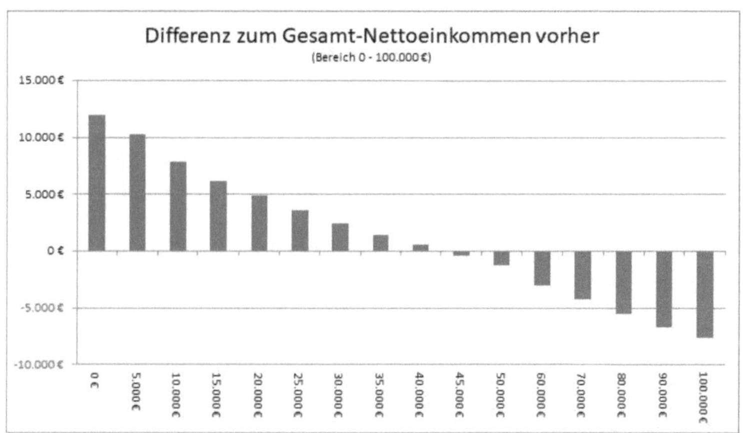

Bezieher unter 43.000 € Jahreseinkommen hätten durch das BGE also ein höheres Nettoeinkommen, Bezieher höherer Einkommen würden etwas zur Finanzierung des BGE beitragen. Dieser Beitrag zum BGE erreicht aber nie 10% des Bruttoeinkommens (siehe auch Tabelle oben).

Da ca. 82% der Steuerzahler ein Jahreseinkommen unter 43.000 € haben, bedeutet das, dass ein BGE 82% der Erwachsenen zugute kommt.

Ein Durchschnittsverdiener mit 25.000 € Jahreseinkommen erhält 12.000 € als BGE, zahlt aber 8.350 € mehr Einkommensteuer. Er hätte damit 3.650 € mehr in der Tasche. Oder anders formuliert: Er kostet dem Staat nur 3.650 €.

Ein Besserverdiener mit 43.000 € Jahreseinkommen erhält auch die 12.000 € BGE, zahlt aber 23.000 € Einkommensteuer im Jahr statt bisher 10.990 €. Somit gleicht sich das BGE mit den höheren Steuern aus. Diese Person kostet dem Staat daher nichts mehr.

Als drittes Beispiel sei der Großverdiener mit 500.000 € Jahreseinkommen dargestellt: Er zahlt 59.670 € mehr an Steuern. Mit dem BGE ergibt sich ein Saldo von 47.670 €, den diese Person zur Finanzierung des Grundeinkommens beiträgt.

BGE für Großverdiener?

Sollen auch Großverdiener ein BGE erhalten? In unserem Beispiel sehen wir, dass Großverdiener wohl auch ein BGE erhalten, durch das mehr an Steuern dieses aber wieder zurückzahlen.

Immer wieder taucht beim Vorschlag einer Erhöhung der Einkommensteuer die Befürchtung auf, dass es damit zu einer „Steuerflucht“ käme.

Dazu nur zwei Fragen/Hinweise:

- Warum sind nicht schon lange alle Bezieher von Millionen-Gehältern nach Deutschland gezogen, wenn dort der Spitzeneinkommensteuersatz nicht 55%, sondern nur 45% beträgt?
- Wer sein großes Einkommen über ein österreichisches Unternehmen bezieht, wird wohl nicht das Unternehmen verlassen.

Und viele Großverdiener befürworten die Einführung eines BGE. Als Beispiel dafür sei Hans-Peter Haselsteiner erwähnt, der in der Zeitung „Der Standard“ vom 14. Jänner 2018[11] folgendes sagte:

STANDARD: Was würden Sie also empfehlen zu tun?

Haselsteiner: Ich glaube, ohne ein Grundeinkommen wird es nicht gehen. Jeder soll diese Grundleistung erhalten und daneben noch die Möglichkeit haben, dazuzuverdienen, um gut leben zu können.

STANDARD: Das Geld dafür müsste irgendwoher kommen. Sie haben einmal einen 80-prozentigen Spitzensteuersatz vorgeschlagen, plädierten für Erbschaftssteuern.

Haselsteiner: Ich halte jede Vermögenstransfersteuer für angebracht, und ich halte Spitzensteuersätze von weit über 50 Prozent für angebracht.

Kosten eines BGE in Österreich

Als „Kosten für den Staat“ sehen wir nun die Differenz zwischen dem BGE, das der Staat dem BGE-Empfänger gibt, und der Steuerrückzahlung durch die erhöhte Einkommensteuer. Wie schon oben dargestellt, kostet ein Bezieher von 43.000 € Jahreseinkommen dem Staat nichts, weil der genauso viel Steuern mehr bezahlt, wie er BGE empfängt.

Mit Hilfe der Zahlen der Statistik Austria, in der die Anzahl der Steuerzahler in Einkommensgruppen dargestellt ist, ergeben sich damit die tatsächlichen Kosten für ein BGE:

		Mittelwert	Steuer alt	Jahressteuer-aufkommen alt	Netto alt	Jahreseink. + BGE	Steuer neu	Jahressteuer-aufkommen neu	Netto neu	Δ netto	Jahres-Steuer bzw. "Negativsteuer"	Kosten für den Staat
negativ	33.114	- €	0 €	0 €	0 €	12.000 €	0 €	0 €	12.000 €	12.000 €	-12.000 €	397.368.000 €
0 bis unter 2	477.274	1.000,00 €	0 €	0 €	1.000 €	13.000 €	350 €	167.045.900 €	12.650 €	11.650 €	-11.650 €	5.560.242.100 €
2 bis unter 4	249.605	3.000,00 €	0 €	0 €	3.000 €	15.000 €	1.050 €	262.085.250 €	13.950 €	10.950 €	-10.950 €	2.733.174.750 €
4 bis unter 6	236.672	5.000,00 €	0 €	0 €	5.000 €	17.000 €	1.750 €	414.176.000 €	15.250 €	10.250 €	-10.250 €	2.425.888.000 €
6 bis unter 8	223.210	7.000,00 €	0 €	0 €	7.000 €	19.000 €	2.600 €	580.346.000 €	16.400 €	9.400 €	-9.400 €	2.098.174.000 €
8 bis unter 10	252.275	9.000,00 €	0 €	0 €	9.000 €	21.000 €	3.600 €	908.190.000 €	17.400 €	8.400 €	-8.400 €	2.119.110.000 €
10 bis unter 12	340.745	11.000,00 €	0 €	0 €	11.000 €	23.000 €	4.600 €	1.567.427.000 €	18.400 €	7.400 €	-7.400 €	2.521.513.000 €
12 bis unter 15	506.561	13.500,00 €	500 €	253.280.500 €	13.000 €	25.500 €	5.850 €	2.963.381.850 €	19.650 €	6.650 €	-6.150 €	3.368.630.650 €
15 bis unter 20	922.228	17.500,00 €	1.300 €	1.198.896.400 €	16.200 €	29.500 €	7.850 €	7.239.489.800 €	21.650 €	5.450 €	-4.150 €	5.026.142.600 €
20 bis unter 25	876.782	22.500,00 €	2.975 €	2.608.426.450 €	19.525 €	34.500 €	10.700 €	9.381.567.400 €	23.800 €	4.275 €	-1.300 €	3.748.243.050 €
25 bis unter 30	805.408	27.500,00 €	4.725 €	3.805.552.800 €	22.775 €	39.500 €	13.700 €	11.034.089.600 €	25.800 €	3.025 €	1.700 €	2.436.359.200 €
30 bis unter 40	1.070.116	35.000,00 €	7.630 €	8.164.985.080 €	27.370 €	47.000 €	18.200 €	19.476.111.200 €	28.800 €	1.430 €	6.200 €	1.530.265.880 €
40 bis unter 50	524.662	45.000,00 €	11.830 €	6.206.751.460 €	33.170 €	57.000 €	24.200 €	12.696.820.400 €	32.800 €	-370 €	12.200 €	-194.124.940 €
50 bis unter 70	428.383	60.000,00 €	18.130 €	7.766.583.790 €	41.870 €	72.000 €	33.200 €	14.222.315.600 €	38.800 €	-3.070 €	21.200 €	-1.315.135.810 €
70 bis unter 100	191.687	85.000,00 €	30.130 €	5.775.529.310 €	54.870 €	97.000 €	48.200 €	9.239.313.400 €	48.800 €	-6.070 €	36.200 €	-1.163.540.090 €
100 bis unter 150	83.768	125.000,00 €	50.030 €	4.190.913.040 €	74.970 €	137.000 €	72.200 €	6.048.049.600 €	64.800 €	-10.170 €	60.200 €	-851.920.560 €
150 bis unter 200	24.119	175.000,00 €	75.030 €	1.809.648.570 €	99.970 €	187.000 €	102.200 €	2.464.961.800 €	84.800 €	-15.170 €	90.200 €	-365.885.230 €
200 und mehr	25.726	250.000,00 €	112.530 €	2.894.946.780 €	137.470 €	262.000 €	147.200 €	3.786.867.200 €	114.800 €	-22.670 €	135.200 €	-583.208.420 €
	7.272.335			44.675.514.180 €				102.452.238.000 €				29.491.296.180 €
					Steuermehreinnahmen:	57.776.723.820 €						

bzw. als Teiltabelle (zur besseren Lesbarkeit):

		Kosten für den Staat
negativ	33.114	397.368.000 €
0 bis unter 2	477.274	5.560.242.100 €
2 bis unter 4	249.605	2.733.174.750 €
4 bis unter 6	236.672	2.425.888.000 €
6 bis unter 8	223.210	2.098.174.000 €
8 bis unter 10	252.275	2.119.110.000 €
10 bis unter 12	340.745	2.521.513.000 €
12 bis unter 15	506.561	3.368.630.650 €
15 bis unter 20	922.228	5.026.142.600 €
20 bis unter 25	876.782	3.748.243.050 €
25 bis unter 30	805.408	2.436.359.200 €
30 bis unter 40	1.070.116	1.530.265.880 €
40 bis unter 50	524.662	-194.124.940 €
50 bis unter 70	428.383	-1.315.135.810 €
70 bis unter 100	191.687	-1.163.540.090 €
100 bis unter 150	83.768	-851.920.560 €
150 bis unter 200	24.119	-365.885.230 €
200 und mehr	25.726	-583.208.420 €
	7.272.335	**29.491.296.180 €**

Die Kosten für 7.27 Mio. Steuerzahler betragen also nicht 87,3 Mrd. € sondern nur 29,5 Mrd. €. Oder anders formuliert: Der ESt-Rückfluss beträgt 57,8 Mrd. €

Zu den 29,5 Mrd. für die Erwachsenen kommen die Kosten für das BGE für Kinder i.H.v. 9,6 Mrd. €.

Über 80% der Steuerzahler verdienen pro Jahr weniger als 43.000 € und zählen damit zu den Gewinnern der BGE-Einführung. Da das BGE für Kinder deutlich über der derzeitigen Familienbeihilfe liegt, profitieren auch 100% aller Kinder (bzw. wieder deren Eltern) vom BGE.

9. EINSPARUNGEN

Unserer Meinung nach wird es durch ein BGE umfangreiche Einsparungen in der Verwaltung und in anderen Bereichen (z.B. im Gesundheitswesen) geben.

Mit der Einführung eines BGE können natürlich manche Zahlungen entfallen, die heute als Transferleistungen an Personen oder Haushalte ausbezahlt werden, nämlich:

- Arbeitslosengeld, Notstandshilfe
- Mindestsicherung (bzw. Sozialhilfe)
- Ausgleichszulage (zu kleinen Pensionen)
- Kindergeld (Familienbeihilfe)

Arbeitslosengeld, Notstandshilfe

Arbeitslosengeld ist prinzipiell ein erworbenes Recht für alle, die eine Arbeitslosenversicherung einbezahlt haben, und kann daher nicht einfach durch ein BGE ersetzt werden. Auch ist das Arbeitslosengeld ja abhängig vom vorherigen Verdienst.

Die Frage ist, wie lange ein Arbeitslosengeld als Versicherungsleistung ausbezahlt werden soll/kann und wann dann nur noch Notstandshilfe bezogen werden kann.

Die Berechnung der Notstandshilfe ist - wie das AMS selbst auf der Webseite[12] schreibt – kompliziert.

Es darf bzw. sollte daher diskutiert werden, wie ein BGE die Notstandshilfe ersetzen kann.

Mindestsicherung (bzw. Sozialhilfe)

Die „Bedarfsorientierte Mindestsicherung“ (BMS) ist kein erworbenes Recht, sondern eine Sozialleistung, die durch ein BGE ersetzt werden könnte. Im Unterschied zur Mindestsicherung ist der Bezug eines BGE jedoch ein Bürgerrecht und muss nicht extra beantragt werden. Ein besonderer Unterschied zwischen BMS und BGE ist natürlich, dass die oft entwürdigenden Gespräche entfallen, mit denen sich ein Bewerber für eine BMS bei der Behörde darum bemühen muss.

Laut der Statistik des Sozialministeriums[13] wurden in Österreich 2017 977.431.333 €[14] an Mindestsicherung ausbezahlt. Diese Milliarde Euro könnte mit dem BGE eingespart werden.

Ausgleichszulage (für kleine Pensionen)

Die Ausgleichszulage soll jeder Person, die ihren rechtmäßigen, gewöhnlichen Aufenthalt im Inland hat, ein Mindesteinkommen sichern. Sie wird umgangssprachlich oft als "Mindestpension" bezeichnet.

Liegt das Gesamteinkommen (Bruttopension plus sonstige Nettoeinkommen plus eventuelle Unterhaltsansprüche) unter einem gesetzlichen Mindestbetrag (Richtsatz), so erhält die Pensionsbezieherin/der Pensionsbezieher eine Ausgleichszulage zur Aufstockung seines oder ihres Gesamteinkommens.

Mit einem BGE könnte diese Ausgleichszulage entfallen.

Laut Statistik Austria[15] wurden 2019 monatlich 71 Mio. € als Ausgleichszulage ausbezahlt und zwar 14-mal pro Jahr, in Summe also nochmals fast genau 1 Mrd. €.

Kindergeld (Familienbeihilfe)

Im Jahr 2018 wurden laut Statistik Austria[16] 7,1 Mrd. € aus dem Familienlastenausgleichsfond ausgezahlt. Davon waren 3,515 Mrd. € Familienbeihilfen, 1,234 Mrd. € Kinderbetreuungsgeld und Karenzgeld, 0,429 Mrd. € Schulfahrten, 0,107 Mrd. € Schulbücher und 1,8 Mrd. € sonstige Ausgaben wie Härteausgleich, Familienberatungsstellen, Unterhaltsvorschüsse etc. Während unserer Meinung nach das BGE die Familienbeihilfen ersetzen könnte, dürften die Ausgaben für Schulfreifahrten, Schulbücher, Beratungsstellen etc. NICHT entfallen.

Manche neoliberale Ansätze eines BGE würden aber auch diese Unterstützungen kürzen oder streichen und werden daher – unserer Meinung nach zurecht – von den meisten BGE-Aktivisten kritisiert und/oder abgelehnt.

Studienbeihilfen, Stipendien und BAföG

Heute erhalten Studenten ein „Grundeinkommen“ in Form von Studienbeihilfen, in Deutschland BAföG. Dieses ist aber nicht „bedingungslos“, sondern an die Ablegung von Prüfungen gebunden. Weiters ist es abhängig vom Familienstand, vom Einkommen des/der Bezieher*in und dem Einkommen der Eltern und von vielen anderen Faktoren[17].

Der Höchstsatz für Studienbeihilfen ist in Österreich derzeit 841 €. Mit der Einführung eines BGE könnte das BGE Studienbeihilfen und BAföG ersetzen.

Weitere Einsparungen

Weitere Einsparungen würde ein BGE auch indirekt ermöglichen, z.B.:

- In der Verwaltung (AMS: Kontrollen für Bezugsberechtigte bei Arbeitslosengeld etc. entfallen)
- Im Bereich der Gesundheit (alle bisherigen BGE-Experimente zeigen, dass die Leute gesünder werden)

10. KAUFKRAFTERHÖHUNG

Durch das höhere Einkommen der unteren Einkommensbezieher wird es zu einer Kaufkrafterhöhung, also zu mehr Konsum und damit zu höheren Mehrwertsteuereinnahmen kommen.

Die Auszahlung eines BGE wird – vor allem bei einkommensschwachen Beziehern – weitgehend zu einer Erhöhung der Kaufkraft und damit des Konsums führen. Oder anders gesagt: Wer bisher immer sparen, sparen, sparen musste, wird sich durch ein BGE doch etwas mehr leisten können, also das Geld schnell wieder ausgeben.

Das klingt nach Konsumwachstum und höherem Ressourcenverbrauch. Es ist aber schwer abzuschätzen, wieweit das wirklich der Fall ist. Natürlich kann es sein, dass jemand, der bisher seine Schuhe immer wieder repariert hat oder reparieren hat lassen, diese nun wegschmeißt und neue kauft. Vielleicht kauft der eine oder andere aber auch einen neuen Kühlschrank, der weniger Energie verbraucht. Der oder die andere wird sich vielleicht Bio-Lebensmittel leisten können und wieder andere würden sich halt endlich einen Kaffeehaus- oder Theaterbesuch leisten. Wieweit das BGE also Inflation oder einen erhöhten Ressourcenverbrauch bewirken würde, ist mehr oder weniger wie die Zukunft aus dem Kaffeesud zu lesen.

Gutverdiener, die sich jetzt schon alles leisten konnten, was das Herz begehrt und einen Überschuss hatten, den sie dann z.B. in

Aktien investierten oder auf das Sparbuch legten, werden die zusätzlichen Einnahmen (sofern sie überhaupt welche haben – siehe Kapitel 8) wohl auch nicht verkonsumieren.

Wenn wir davon ausgehen, dass nur 50% des ausgegebenen Grundeinkommens wieder für Anschaffungen genutzt werden, so entspricht das einem Volumen von 20 bis 30 Mrd. €. Wenn die meisten dieser Ausgaben mit 20% Mehrwertsteuer belastet sind, so fließen aus der Mehrwertsteuer schon wieder 3,5 bis 5,0 Mrd. € in die Staatskasse zurück.

11. FINANZIERUNGSBEDARF

Der Rest-Finanzierungsbedarf ergibt sich durch die konkreten Festlegungen, die nach einem positiven Grundsatzbeschluss zur Einführung des Grundeinkommens zu treffen sind.

Der Text des Volksbegehrens, das zur Zeit läuft, lautet:

> ***"Wir fordern den Gesetzgeber auf, durch bundesverfassungsgesetzliche Regelungen ein Bedingungsloses Grundeinkommen (BGE) einzuführen. Dieses soll jeder Person mit Hauptwohnsitz in Österreich ein menschenwürdiges Dasein und echte Teilhabe an der Gesellschaft ermöglichen. Höhe, Finanzierung und Umsetzung sollen nach einem Prozess, an dem die Zivilgesellschaft maßgeblich beteiligt ist, gesetzlich verankert werden."***

Im dritten Satz dieses Begehrens wird also ausgedrückt, dass ein zivilgesellschaftlicher Prozess eingeleitet werden soll, in dem über Höhe, Finanzierung und Umsetzung diskutiert werden soll.

Wir wollen dazu aber Ideen einbringen:

Auf Grund der bisherigen Überlegungen ergibt sich folgender Finanzierungsbedarf:

Finanzierung eines BGE in Österreich

	mit Wohngeld		mit Wohngeld		ohne Wohngeld	
	1.200 € für 1-Personenhaushalt		1.000 € für 1-Personenhaushalt		1.000 € für 1-Personenhaushalt	
BGE für Erwachsene	720 €		600 €		1.000 €	
BGE für Kinder	360 €		300 €		500 €	
Wohngeld	480 €		400 €		-	
	alle Zahlen in Mrd. €					
7,27 Mio. Erwachsene	62,80		52,34		87,30	
1,61 Mio. Kinder	6,90		5,80		9,60	
3,9 Mio. Haushalte	22,50		18,72		0,00	
Aufwand für ein BGE	92,20		76,86		96,90	
Est-Rückfluss (ohne Est-Erhöhung)	-45,26		-40,26		-28,60	
Est-Rückfluss (durch Est-Erhöhung)					-29,20	
Est-Rückfluss durch Wohngeld	-19,10		-15,92		-	
	von	bis	von	bis	von	bis
Einsparungen Sozialbudget	-5,50	-8,76	-5,50	-8,76	-5,50	-8,76
Rückfluss Kaufkrafterhöhung	-2,40	-4,60	-1,90	-3,70	-2,40	-4,60
Effektiver Finanzierungsaufwand	**19,94**	**14,48**	**13,28**	**8,22**	**31,20**	**25,74**

Somit bleibt ein effektiver Finanzierungsaufwand zwischen 8,22 Mrd. und 31,20 Mrd. Euro, der durch andere Einnahmequellen zu begleichen ist. Wieweit es unsere Aufgabe ist, auch diese Finanzierungslücke noch zu überlegen, sei dahingestellt. Wir sehen es vielmehr als Aufgabe der Politiker, sich das zu überlegen und es gibt viele Möglichkeiten dazu.

Allein die Lohnsteuerreform 2019 (20% ESt für Stufe 2 statt 25% ab 2020, 30% für Stufe 3 statt 35% und 40% für Stufe 4 statt 42% ab 2022) kostet dem Staat jährlich 6,5 Mrd. €. Warum soll dann der jährliche Aufwand von 8,22 Mrd. € bis 31,20 Mrd. € nicht möglich sein?

Trotzdem wollen wir uns überlegen, welche sinnvollen Möglichkeiten der Finanzierung es gäbe.

Da der Staat Einnahmen hauptsächlich durch Steuern erzielen kann, werden wir uns im folgenden Kapitel ansehen, welche Steuereinnahmen möglich sind, bzw. welche Steuereinnahmen wir nicht nur zur Finanzierung des BGE, sondern aus unterschiedlichen Gründen (Einkommensgerechtigkeit, Umweltschutz) vorschlagen.

12. WEITERE UND/ODER HÖHERE STEUERN

Dafür könnten unserer Meinung nach Vermögen-, Erbschafts-, Schenkungs-, Luxussteuern sowie eine Finanztransaktionssteuer eingeführt werden. Die Kapitalertragssteuer sollte (wie vor 1993) in die progressive Einkommensteuer einbezogen werden und sonstige Konsumsteuern wie CO2-, Benzin-, Flug-, Plastik-, Tabak-, Glücksspielsteuer etc. könnten zur Finanzierung herangezogen werden.

12.1. Vermögenssteuer, Erbschafts- /Schenkungs-steuer

In der Diskussion über BGE werden bei den Finanzierungsmöglichkeiten auch immer wieder Vermögens-, Erbschafts- sowie Schenkungssteuer genannt.

Im August 2008 wurde in Österreich die Erbschafts- und gleichzeitig die Schenkungssteuer abgeschafft. In Deutschland beträgt sie bis zu 50%, mit Freibeträgen zwischen 20.000 € für entfernt Verwandte, bis zu 500.000 € für Ehegatt*innen[18].

Wir halten eine Diskussion über Vermögens-, Erbschafts- und Schenkungssteuer durchaus für sinnvoll. Die Höhe der Einnahmen daraus variiert natürlich stark, je nach der Berechnungsgrundlage und dem Steuersatz. Schneider/Dreer/Wakolbinger[19] schätzen das auf 4,9 Mrd. €, die Generation Grundeinkommen auf 14 Mrd. €[20] und Attac auf 16 Mrd. € [21, 22].

12.2. Luxussteuer

Die Wiedereinführung einer „Luxussteuer“, also z.B. einer MwSt. von 30% auf „Luxusgüter“, wie das 1978-1992 für Autos, Schmuck, Uhren, Pelze und Konsumelektronik bereits der Fall war.

Es gibt ein „Gegenargument“ gegen diese Luxussteuer: Das EU-Recht erlaubt den einzelnen Staaten nur drei unterschiedliche MWST-Sätze. Österreich hat derzeit neben dem „Normalsteuersatz“ von 20% auch ermäßigte Steuersätze von 10% und 13%[23]. So musste auch die Einführung der 5%-Steuer auf Essen, Getränke, Bücher, Tickets etc., die als Corona-Hilfe gedacht war, von der EU genehmigt werden.

Dieses Problem ist leicht behebbar, indem z.B. die Umsätze, die derzeit mit 13% besteuert werden (Eigenverbrauch, Kulturveranstaltungen, Schwimmbäder etc.), auf 10% gesenkt werden. Damit ist es möglich, eine Luxussteuer als dritten MWST-Satz einzuführen.

Laut Berechnungen von Attac würde das Steuermehreinnahmen i.H.v. 3 Mrd. € bringen.

12.3. Einkünfte aus Kapitalvermögen (Kapitalertragssteuer)

Einkünfte aus Kapitalvermögen sind derzeit mit 25% bzw. 27% endbesteuert. D.h. dass z.B. bei Zinsen aus Sparguthaben diese 25% gleich von der Bank abgezogen und dem Finanzamt überwiesen werden, während die restlichen 75% damit steuerfrei sind.

Die Kapitalertragsteuer (KESt) als Quellensteuer wurde in Österreich 1993 eingeführt. Der Grund dafür lag darin, dass in der Vergangenheit viele Sparbücher und Wertpapiere anonym waren und es dadurch (durch Nichtangabe dieser Sparbücher bei der Steuererklärung) keine Besteuerung gegeben hätte. So wurde die Steuer direkt von den Zinsen abgezogen und der Restbetrag war damit steuerfrei. Das war (damals) sinnvoll.

Durch die Änderung der Bestimmung, dass es keine anonymen Sparbücher mehr geben darf, könnte diese Regelung daher überdacht werden, konkret fordern wir die Einbeziehung der Erträge aus Kapital in die progressive Einkommensbesteuerung.

Gleiches gilt für andere Einkünfte aus Kapitalvermögen (Dividenden etc.).

Diese Endbesteuerung ist auch ungerecht, weil die 25% KeSt von JEDEM zu bezahlen sind. Ein/e Mindestpensionist/in, der/die 10.000 € auf seinem/ihrem Sparbuch hat und davon bei 1% Zinsen 100 € im Jahr erhält, muss davon sofort 25 € an das Finanzamt abliefern. Bei einer Einbeziehung dieser Zinsen in die progressive Besteuerung würde davon keine Steuern fällig, wenn das Gesamtjahreseinkommen unter 11.000 € liegt.

Andererseits zahlt jemand mit einem Kapitalvermögen von 1.000.000 € auch nur 25% von den Zinsen (im Beispiel bei 1% Verzinsung sind das 10.000 € Zinsen und somit 2.500 € Steuer), während er bei einer Einbeziehung in die progressive Einkommensteuerberechnung je nach Jahreseinkommen wahrscheinlich 48% bis 55% (also 4.800 € bis 5.500 €) bezahlen würde.

Die derzeitige Kapitalertragssteuerregelung ist also höchst ungerecht und muss abgeschafft werden.

Die Einbeziehung von Kapitalerträgen in die progressive Einkommensbesteuerung würde Steuereinnahmen i.H.v. 2 Mrd. € einbringen.

12.4. Finanzsteuern

12.4.1. Finanztransaktionssteuer

Immer wieder ist auch die Finanztransaktionssteuer im Gespräch. Die Idee geht auf John Maynard Keynes zurück, der sie schon 1936 vorgeschlagen hat.

Im September 2011 legte die EU-Kommission einen Gesetzesentwurf zur Einführung einer Finanztransaktionssteuer in der EU vor, „damit auch der Finanzsektor seinen fairen Beitrag leistet".

Aktueller Stand[24] der Diskussion ist: Im Juni 2019 verständigten sich zehn Länder darauf, dass die Finanztransaktionssteuer (lediglich) Käufe und Verkäufe von Aktien betrifft und ab 2021 gelten soll. Die Höhe steht noch nicht fest; nach der vom deutschen Finanzminister Olaf Scholz vorangetriebenen Vereinbarung sollen mindestens 0,2 Prozent pro Transaktion erhoben werden.

Wieviel Einnahmen in Österreich durch eine Finanztransaktionssteuer möglich wären, ist umstritten. Während Rechnungen des Finanzministeriums mit Steuereinnahmen von 500 Mio. € rechnen, geht Attac von Einnahmen von 5 Mrd. € aus, also dem 10-fachen, Schätzungen der Generation Grundeinkommen liegen sogar bei 9 Mrd. €.

12.4.2. Mikrosteuer

Eine Idee, die vor allem in der Schweiz intensiv diskutiert wird und zu der es dort auch Bürgerinitiativen gibt, ist eine Mikrosteuer, bei der für jede Belastung und jede Gutschrift im bargeldlosen Verkehr eine Steuer in sehr geringer Höhe (vorgeschlagen werden maximal 5 Promille) eingehoben wird.

Marc Chesney, Professor am Institut für Banking und Finance an der Universität Zürich, schreibt in einem Artikel in der Schweizer Handelszeitung[25]:

„In der Schweiz werden pro Jahr elektronische Bezahlungen im Wert von circa 100'000'000'000'000 Franken getätigt. Nicht nur beim Kauf und Verkauf von Aktien oder Anleihen, sondern auch beim Bezahlen im Restaurant, beim Geld abheben oder beim Online-Banking. Die Summe, die über solche Transaktionen bewegt wird, entspricht etwa 160 Mal dem Bruttoinlandprodukt (BIP) der Schweiz. Wenn der Staat von dieser riesigen Summe 0,2 Prozent besteuern würde, hätte er bereits 200 Milliarden Franken eingenommen – das ist mehr als der gesamte Steuerertrag der Schweiz, inklusiv der Mehrwertsteuer. Dieser Vorschlag stammt vom Zürcher Finanzunternehmer Felix Bolliger.

Um das Grundeinkommen zu finanzieren, reicht der Ertrag aus einer Mikro-Steuer von 0,2 Prozent aber nur knapp. Würde man diesen Steuersatz auf 0,4 Prozent erhöhen, könnte man theoretisch nicht nur fast alle anderen Steuern sowie die Steuerdeklaration abschaffen, sondern auch das Grundeinkommen finanzieren. Durch die Besteuerung der elektronischen Transaktionen könnten die Steuern automatisch bezahlt und das Grundeinkommen finanziert werden.“

Weitere Steuern

Attac hat Berechnungen und Vorschläge zu weiteren Steuereinnahmen gemacht, u.a.

- Die schon viel diskutierte Konzernbesteuerung
- Ökologische Konsumsteuern: CO_2-, Benzin-, Flug-, Plastik- und Tabaksteuern
- Gesundheitspolitische Konsumsteuern: Tabak-, Zucker- (Limonaden-) und Glücksspielsteuer

Weitere Vorschläge von ATTAC	
	in Mio. €
Konzernbesteuerung	400
Aufhebung der Obergrenze der BemGrundlage für die Soz.Vers.	1.000
Grundsteuer	3.000
Erhöhung der Körperschaftssteuer (KöSt)	4.000
SV-AG auf Wertschöpfung	3.000
Konsumsteuern (ineralölsteuer, Alkoholsteuer, Sektsteuer, Tabaksteuer, Flugsteuer, etc.)	2.000
CO2-Steuer	6.000
Summe:	19.400

Freibeträge

Im „Linzer Modell" nicht ausdrücklich erwähnt, aber oft diskutiert, ist die Möglichkeit der Abschaffung von Freibeträgen.

Wie im Kapitel 8 beschrieben, beziehen sich alle Berechnungen und Beispiele der Einkommensteuer auf die Bemessungsgrundlage, also die Summe der Einkommen abzüglich der Sozialversicherung und der Freibeträge.

Durch die Einführung eines BGE könnten nun auch einige Freibeträge entfallen. Das ist in den Berechnungen nicht berücksichtigt, würde aber auch zu Mehreinnahmen des Staates führen, auch wenn diese nicht allzu hoch sind.

Andererseits würde es den Zugewinn durch das BGE für jene Personen verringern, die heute viele Freibeträge absetzen, weil es die dann eben nicht mehr gäbe.

ZUSAMMENFASSUNG DER FINANZIERUNG

Wie im Kapitel 11 dargelegt, bleibt je nach Modell des BGE und Höhe der möglichen Einsparungen ein effektiver Finanzierungsaufwand zwischen 8,22 Mrd. und 31,20 Mrd. Euro.

Prinzipiell sehen wir es nicht als unsere Aufgabe, dem Finanzminister Ratschläge zu geben, wie er zu diesem Geld kommt. Und wenn die hoch gepriesene „ökosoziale Lohnsteuerreform 2021/2022" in Österreich 18 Mrd. € kostet, fragt ja auch niemand, woher das Geld kommt. Ebensowenig beim Bau von Straßen oder beim nun angekündigten Klimaticket (1-2-3-Ticket).

Wichtig ist, dass es (auch in Österreich) zu einer Grundsatzentscheidung kommt, dass es ein BGE geben soll. In welchen Schritten das umgesetzt wird, wie hoch es genau sein wird und wie das finanziert werden kann, ist dann der nächste Schritt der Überlegungen.

Damit diese Diskussion in Gang kommt, haben wir die Vorschläge für mögliche Steuereinnahmen im Kapitel 12 aufgezählt und diese ergeben in Summe:

	in Mio. €
Vermögens-, Schenkungs- und Erbschaftssteuer	4.900 bis 16.000
Luxussteuern (wie schon 1978-1992)	3.000
Einkünfte aus Kapitalvermögen (progressive KEST!)	2.000
Finanztransaktionssteuer	500 bis 9.000
Weitere Vorschläge von Attac	bis zu 19.400
SUMME:	**10.400 bis 47.400**

Die Ideen zur Finanzierung übersteigen also deutlich den effektiven Finanzierungsaufwand, mit anderen Worten: Es ist nur ein Teil dieser Vorschläge notwendig, um ein BGE zu finanzieren.

Und wichtig ist dabei noch zu bedenken, dass in diesen Zahlen noch keine Einsparungen in der Verwaltung und im Gesundheitswesen einbezogen sind, keine Einsparungen durch Streichung von Freibeträgen und auch keine Sozialleistungen auf Landes- und Gemeindeebene, die auch entfallen oder verringert werden könnten.

[1] Rüthemann, Guido: Grundeinkommen4KlimaRettung ISBN: 978375198288

[2] Diese ursprüngliche Formulierung im Linzer Modell wurde inzwischen konkretisiert: Kinder sollen ab der Geburt 30% des Grundeinkommens erhalten und jährlich 4%-Punkte mehr, sodass ab dem 18. Lebensjahr das volle Grundeinkommen ausbezahlt wird.

[3] https://www.schuldenberatung.at/

[4] https://www.schuldenberatung.at/downloads/infodatenbank/referenzbudgets/Referenzbudgets_2019_Aktualisierung_EndV.pdf

[5] https://mediendienst-integration.de/fileadmin/Dateien/Fragen_zu_Rechten_und_Pflichten_eingewanderter_EU_Buerger_3.pdf

[6] http://www.das-grundeinkommen.org/search/label/Think%20Tank

[7] https://broschuerenservice.sozialministerium.at/Home/Download?publicationId=336

[8] Seite 71

[9] Seite 35

[10] https://www.arbeiterkammer.at/beratung/arbeitundrecht/pension/pensionshoehe/Mehr_Pension_mit_der_Hoeherversicherung.html

[11] https://www.derstandard.at/story/2000072177145/haselsteiner-die-verarmung-des-mittelstandes-ist-die-groesste-gefahr

[12] https://www.ams.at/arbeitsuchende/arbeitslos-was-tun/geld-vom-ams/notstandshilfe#wiewirdihrenotstandshilfeberechnet

[13] https://www.sozialministerium.at/dam/jcr:248548a3-940b-4c84-b243-eaeee8086932/Mindestsicherungsstatistik_2018.pdf (Seite 105)

[14] 847.168.351 € für Lebensunterhalt und Wohnkostenanteil, 76.567.030 € für ergänzenden Wohnungsaufwand, 53.364.491 € für Krankenversicherung, 331.462 € für sonstige Krankenhilfe

[15] https://www.statistik.at/wcm/idc/idcplg?IdcService=GET_NATIVE_FILE&RevisionSelectionMethod=LatestReleased&dDocName=120442

[16] https://www.statistik.at/web_de/statistiken/menschen_und_gesellschaft/soziales/sozialleistungen_auf_bundesebene/familienleistungen/020122.html

[17] Siehe http://www.stipendienrechner.at , https://www.stipendium.at/studienfoerderung/beihilfe-beruf/selbsterhalterinnen-stipendium

/hoehe/ , https://wien.arbeiterkammer.at/beratung/bildung/studium /Selbsterhalter-Stipendium.html , https://www.oesterreich.gv.at/themen /bildung_und_neue_medien/universitaet/2.html , https://www.help.gv.at /Portal.Node/hlpd/public/content/16/Seite.160805.html

[18] https://de.wikipedia.org/wiki/Erbschaftsteuer_in_Deutschland

[19] Schneider/Dreer/Wakolbiner, 2020, S.21: Hinsichtlich einer Vermögensteuer existieren für Österreich Schätzungen, wonach ein progressiver Steuertarif von 1% auf Haushalts-Nettovermögen über 1 Mio. Euro und 1,5% auf Haushalts-Nettovermögen über 5 Mio. Euro jährlich ein Aufkommen von 4,9 Mrd. Euro generieren würde (Krenek und Schratzenstaller, 2017). Der verwendete Steuertarif wurde von Piketty (2014) vorgeschlagen. Bei der Berechnung wurde die Haushaltsgewichte am oberen Rand der Vermögensverteilung aus der Household Finance and Consumption Survey (HFCS) der Zentralbanken dergestalt angepasst, dass sie an diverse Listen (z.B. Trend-Liste 100 reichste Österreicher) angenähert werden. Es ist diesbezüglich bekannt, dass Befragungen den oberen Rand der Vermögensverteilung (d.h. die reichsten Haushalte) typischerweise nur ungenügend abbilden. Durch die Anpassung erhöht sich der Schätzwert für die Bemessungsgrundlage (Nettovermögen der österreichischen Haushalte) einer Vermögensteuer von etwa einer Billion Euro auf etwa 1,3 Billionen Euro. Je nach Ausgestaltung des Steuertarifes, insbesondere des Grundfreibetrages (pro Haushalt), ist naturgemäß nur ein mehr oder weniger hoher Anteil der gesamten Bemessungsgrundlage steuerpflichtig.

[20] Schätzung der Generation Grundeinkommen Broschüre GG Seite 60

[21] Schätzung von Attac: - Vgl. SieKai S.39
In Österreich ist Vermögen nahezu unbesteuert. Es ist aber die wichtigste Quelle zur Finanzierung eines BGE.
Alle Inhaber von Vermögen sind zu betrachten (Private, Unternehmen, Organisationen, Vereine, Stiftungen)
Vermögen der privaten Haushalte in Österreich: 1317 Mrd (2017)
- lt „Bestände und Konzentration privater Vermögen in Österreich“ der AK Wien)

- Bei Beihaltung der letzten Steigerungsraten auf 1400 Mrd (2018) zu schätzen
- Finanzvermögen: 646 Mrd (APA 19.4.2018)
- Nicht enthalten: Vermögen von Kirchen, Organisationen, Vereinen ?

Strategie: Niedrigbesteuerung kleiner Vermögen, Höherbesteuerung großer Vermögen

Im Durchschnitt sollte eine Größenordnung von 1% erzielbar sein

Beitrag zur Finanzierung (Mehreinnahmen): 15 Mrd EUR

[22] Attac: Vgl. SieKai S.39

Erbschaftssteuer

In Österreich nicht eingehoben

Vergleichswert Deutschland 2015:
- Erbschaftssteuer 4,4 Mrd EUR
- Schenkungssteuer 1,1 Mrd EUR

Bei Relation 10:1 hätte Österreich ein Volumen von ca. 0,5 Mrd EUR

Dieses ist im Hinblick auf gestiegenen staatlichen Finanzierungsbedarf zu verdoppeln

Beitrag zur Finanzierung (Mehreinnahmen): 1 Mrd EUR

[23] https://www.wko.at/service/steuern/Die_wichtigsten_Anwendungsfaelle_fuer_die_ermaessigten_Ums.html

[24] https://de.wikipedia.org/wiki/Finanztransaktionssteuer

[25] https://www.handelszeitung.ch/politik/das-grundeinkommen-waere-der-schweiz-umsetzbar-1069115

ANHANG

86

GRUNDEINKOMMEN ALS MENSCHENRECHT

Paul J. Ettl, Ostern 2021

In der Allgemeinen Erklärung der Menschenrechte (beschlossen am 10. Dezember 1948) steht:

Artikel 1: Alle Menschen sind frei und gleich an Würde und Rechten geboren. Sie sind mit Vernunft und Gewissen begabt und sollen einander im Geiste der Brüderlichkeit begegnen.

Artikel 2: Jeder hat Anspruch auf alle in dieser Erklärung verkündeten Rechte und Freiheiten, ohne irgendeinen Unterschied, etwa nach Rasse, Hautfarbe, Geschlecht, Sprache, Religion, politischer oder sonstiger Anschauung, nationaler oder sozialer Herkunft, Vermögen, Geburt oder sonstigem Stand. Des Weiteren darf kein Unterschied gemacht werden auf Grund der politischen, rechtlichen oder internationalen Stellung des Landes oder Gebietes, dem eine Person angehört, gleichgültig ob dieses unabhängig ist, unter Treuhandschaft steht, keine Selbstregierung besitzt oder sonst in seiner Souveränität eingeschränkt ist.

Artikel 4: Niemand darf in Sklaverei oder Leibeigenschaft gehalten werden; Sklaverei und Sklavenhandel in allen ihren Formen sind verboten.

Artikel 22 (Recht auf soziale Sicherheit): Jeder Mensch hat als Mitglied der Gesellschaft das Recht auf soziale Sicherheit und

Anspruch darauf, (...) in den Genuss der wirtschaftlichen, sozialen und kulturellen Rechte zu gelangen, die für die eigene Würde und die freie Entwicklung der eigenen Persönlichkeit unentbehrlich sind.

Artikel 25 (Recht auf Wohlfahrt): Jeder Mensch hat das Recht auf einen Lebensstandard, der Gesundheit und Wohl für sich selbst und die eigene Familie gewährleistet, einschließlich Nahrung, Kleidung, Wohnung, ärztliche Versorgung und notwendige soziale Leistungen, (...).

Die Artikel 22 und 25 der Allgemeinen Erklärung der Menschenrechte beginnen also beide mit „Jeder Mensch ... hat das Recht ...". Es heißt nicht „jeder Mann", es heißt nicht „jeder erwachsene Mensch" und es heißt auch nicht „jeder arbeitende oder arbeitswillige Mensch". Es heißt „Jeder Mensch". Bedingungslos.

Schon Erich Fromm (1900-1980) schrieb 1966 in seinem Buch „Psychologische Aspekte zur Frage eines garantierten Einkommens für alle":

> *Das garantierte Einkommen würde nicht nur aus dem Schlagwort "Freiheit" eine Realität machen, es würde auch ein tief in der religiösen und humanistischen Tradition des Westens verwurzeltes Prinzip bestätigen, dass der Mensch unter allen Umständen das Recht hat, zu leben.*

Dieses Recht auf Leben, Nahrung und Unterkunft, auf medizinische Versorgung, Bildung usw. ist ein dem Menschen angeborenes Recht, das unter keinen Umständen eingeschränkt werden darf, nicht einmal im Hinblick darauf, ob der Betreffende für die Gesellschaft "von Nutzen ist".

Sicher würden viele Leute gerne für ein oder zwei Monate nicht arbeiten. Die allermeisten würden aber dringend darum bitten, arbeiten zu dürfen, selbst wenn sie nichts dafür bezahlt bekämen.

Oft hört man das Argument: „Nichts ist bedingungslos. Alles ist an Bedingungen geknüpft." Aber wie ist das mit Eltern und ihren Kindern? Bekommen Kinder nur zu essen, wenn sie „brav" sind? Ich kenne noch Zeiten, in denen Kinder vom Tisch fern gehalten wurden, wenn sie etwas angestellt hatten. Aber sehen wir das heute noch als ein probates Mittel der Kindes-erziehung? Eltern haben für ihre Kinder zu sorgen. Bedingungslos. Als Kindesrecht. Punkt.

Und ist nicht die Gesellschaft für die Erwachsenen das, was Eltern für ihre Kinder sind?

Ist es nicht eine moderne Form der Sklaverei („Lohnsklaverei"), wenn Menschen gezwungen werden zu arbeiten, weil sie sonst verhungern müssen? Vor kurzem hörte ich den Einwand, dass Menschen, die ein Grundeinkommen beziehen, dann nicht mehr „dem Arbeitsmarkt zu Verfügung stehen". So hat sich ein Kammerfunktionär ausgedrückt. Meinte er damit wirklich dem „Arbeitsmarkt"? Oder den modernen Sklavenmarkt?

Unsere Kultur baut auf einem christlich/humanistischem Gedanken- und Wertesystem auf. Was ist die Basis dieses Wertesystems? Ist es nicht die bedingungslose Liebe – sowohl im Christentum, als auch in den meisten anderen Religionen?

In unserer Gesellschaft lassen wir niemanden verhungern. Jeder bekommt etwas zu essen, egal ob er/sie arbeitet oder nicht, selbst Mörder erhalten ein Essen (und ein Dach über dem Kopf). Aber warum muss das an Bedingungen geknüpft werden? An Arbeit oder Arbeitswilligkeit?

Wissen wir, was Menschen machen, die nicht „arbeiten", also keiner Erwerbsarbeit nachgehen? Kann es nicht sein, dass unbezahlt viel mehr Arbeit geleistet wird, die sogar für die Gesellschaft wichtiger ist? Ja, noch weiter gedacht: Ist „Arbeit" überhaupt bezahlbar?

Ich erinnere noch einmal an das Zitat von Erich Fromm: „Sicher würden viele Leute gerne für ein oder zwei Monate nicht arbeiten. Die allermeisten würden aber dringend darum bitten, arbeiten zu dürfen, selbst wenn sie nichts dafür bezahlt bekämen."

Ein Grundeinkommen ist ein Menschenrecht. Und so wie alle Menschenrechte darf es nicht von Bedingungen abhängig gemacht werden.

Allgemeine Erklärung der Menschenrechte

Artikel 22 (Recht auf soziale Sicherheit):

Jeder Mensch hat als Mitglied der Gesellschaft
das Recht auf soziale Sicherheit
und Anspruch darauf, (...)
in den Genuss der wirtschaftlichen,
sozialen und kulturellen Rechte zu gelangen,
die für die eigene Würde und die freie Entwicklung der
eigenen Persönlichkeit unentbehrlich sind.

Artikel 25 (Recht auf Wohlfahrt):

Jeder Mensch hat das Recht auf einen Lebensstandard,
der Gesundheit und Wohl für sich selbst
und die eigene Familie gewährleistet, einschließlich Nahrung,
Kleidung, Wohnung, ärztliche Versorgung und notwendige
soziale Leistungen, sowie das Recht auf Sicherheit im Falle von
Arbeitslosigkeit, Krankheit, Invalidität oder Verwitwung, im
Alter sowie bei anderweitigem Verlust der eigenen
Unterhaltsmittel durch unverschuldete Umstände.

«Die Freiheit des Menschen
liegt nicht darin,
dass er tun kann, was er will,
sondern dass er nicht tun muss,
was er nicht will.»
(Jean-Jacques Rousseau, 1712-1778)

Das Grundeinkommen ermöglicht es,
NEIN sagen zu können

„Wer etwas will,
sucht Wege.
Wer etwas nicht will,
sucht Gründe.“

(Albert Camus, 1913-1960)

„Psychologische Aspekte zur Frage eines garantierten Einkommens für alle"

„Das garantierte Einkommen würde nicht nur aus dem Schlagwort "Freiheit" eine Realität machen, es würde auch ein tief in der religiösen und humanistischen Tradition des Westens verwurzeltes Prinzip bestätigen, dass der Mensch unter allen Umständen das Recht hat, zu leben.

Dieses Recht auf Leben, Nahrung und Unterkunft, auf medizinische Versorgung, Bildung usw. ist ein dem Menschen angeborenes Recht, das unter keinen Umständen eingeschränkt werden darf, nicht einmal im Hinblick darauf, ob der Betreffende für die Gesellschaft "von Nutzen ist".

Sicher würden viele Leute gerne für ein oder zwei Monate nicht arbeiten. Die allermeisten würden aber dringend darum bitten, arbeiten zu dürfen, selbst wenn sie nichts dafür bezahlt bekämen."

Erich Fromm (1900-1980)

„Psychologische Aspekte zur Frage eines garantierten Einkommens für alle" (1966)

Über den Autor:

Paul J. Ettl, MBA

Geboren 1955 in Aschach an der Donau
Humanistisches Gymnasium Kollegium Petrinum in Linz, Studium Mathematik, Philosophie, Politikwissenschaft in Linz und Salzburg

Seit 1971: Programmierung,
ab Mai 1983 selbstständig: Geschäftsführer der Firmen Ettl-Software GmbH (2013: 11 Mitarbeiter, 4 Standorte) und TOPNIC GmbH

Diverse Funktionen in der WKO (Bezirksstellenausschuss, Fachgruppe UBIT, Fachverband UBIT, Mitglied der Arge ProEthik, Landessprecher OÖ der CSR-Consultants Experts Group)

Firmenverkauf Ende 2013

2010: Initiator und Leiter der Friedensakademie Linz

Seit Jänner 2011: „Pionier" im Projekt Gemeinwohl-Ökonomie
Juni 2011: Mitbegründer des Vereins für „Gemeinwohl-Ökonomie"
Oktober 2011: Erstellung der Gemeinwohl-Bilanz für „Ettl-Software"
Dezember 2012: Masterarbeit „Der Weg zur Gemeinwohl-Bilanz"
Jänner 2014: Diplom Betriebswirtschaftslehre

seit Juli 2020 in Pension.
Verheiratet, 1 Tochter, 2 Enkelsöhne

T: 0699 16191001, W: www.ettl.at , E: ettl@ettl.at

Feedback zu dieser Broschüre (z.B. per E-Mail unter ettl@ettl.at) ist herzlich willkommen.

Literaturhinweis:

Die vorliegende Publikation ist der 3. Band der Reihe „Überlegungen zum Grundeinkommen“, herausgegeben von der Friedensakademie Linz www.friedensakademie.at und dem Verein „Das Grundenkommen“ www.das-grundeinkommen.org

Band 1:

Bedingungsloses Grundeinkommen für ALLE? Auch für mich?
Paul J. Ettl, Erstauflage März 2020, 4. Auflage November 2021
Verlag BoD, ISBN: 9783750452060
e-Book: 9783750491403

Band 2:

Grundeinkommen4Klimarettung
Guido Rüthemann, Herbst 2020
Verlag BoD, ISBN: 9783751982887
e-Book: 9783752633245